O Fusível do Fuzil – O terrorismo como marco jurídico para aplicação do Direito Internacional Humanitario

Rogerio Cietto

Published by Rogerio Cietto, 2021.

O Fusível do Fuzil – O terrorismo como marco jurídico para a aplicação do Direito Internacional Humanitario

Publicado por Rogerio Paiva Cietto no Draft2Digital

Ouça, Senhor, minha voz lamentável. Proteja minha vida do terror do inimigo, proteja-me da conspiração dos ímpios, livra-me da multidão de malfeitores. Afiam a língua como espadas, disparam palavras envenenadas como flechas, para disparar, do esconderijo, o inocente, para golpeá-lo de repente, sem medo de nada. São obstinados em seus desígnios malignos, escondem secretamente como armar suas armadilhas, dizendo: Quem nos verá? Eles planejam crimes e escondem seus planos; insondáveis são o espírito e o coração de cada um. Mas Deus os atinge com suas flechas, de repente eles são feridos. Sua própria linguagem os preparou para a ruína. Aqueles que os vêem balançam a cabeça. Por medo, eles afirmam ser a obra de Deus e reconhecem o que ele fez. Os justos se regozijam no Senhor e confiam nele. E todos os retos de coração triunfam. Salmos 63 (64), 2-11

RESUMO

Este trabalho tem como objetivo estudar o fenômeno do terrorismo como evento capaz de modificar o ordenamento jurídico que regulamenta o uso das Forças Armadas do Estado contra o grupo responsável pelo ataque, a fim de garantir a proteção jurídica necessária ao uso da violência estatal visando garantir a proteção do ameaçado Estado Democrático de Direito. Em princípio, são definidos os conceitos de Estado e Nação, bem como um de seus pilares, Soberania, e o uso legítimo da violência contra o cidadão para fazer cumprir a lei e a ordem. Em seguida, apresentamos os dois sistemas jurídicos aplicáveis ao uso da força armada, Direitos Humanos e Direito Internacional Humanitário. Na sequência, estudamos o fenômeno do terrorismo, especialmente a classificação desse crime no ordenamento jurídico. Tratamos da justiça local e internacional, bem como da justiça transicional. Apresentamos as normas legais internacionais para suprimir o terrorismo e o uso de normas legais por terroristas para atingir seus objetivos. No final, estudamos casos de grupos terroristas revolucionários e os comparamos com grupos criminosos que usam o terrorismo com intuito revolucionário, embora não declarado. Este trabalho é baseado em pesquisa e bibliografia sobre o assunto.

Palavras-chave: Terrorismo. Estado de Direito. Crimes internacionais. Direito Internacional.

ABSTRACT

The objective of this work is to study the phenomenon of terrorism as an event capable of modifying the legal system that regulates the use of the State's armed force against the group responsible for the attack, in order to guarantee the legal protection necessary for the use of violence so as to guarantee the protection of the democratic State of Law threatened. In principle, the concepts of State and Nation are defined, as well as one of its pillars, Sovereignty, and the legitimate use of violence against the citizen to ensure respect for law and order. Next, we present the two applicable legal systems for the use of armed force, Human Rights and International Humanitarian Law. In the sequence we study the phenomenon of terrorism, especially the classification of this crime within the legal order. We do an approach on local and international justice, as well as transitional justice. We present the international legal norms to suppress terrorism and the use of legal norms by terrorists to achieve their objectives. In the end, we study cases of revolutionary terrorist groups and we compare them with criminal groups that use terrorism with revolutionary intentions, although not declared. This work is based on research and bibliography on the subject.

Keywords: Terrorism. Rule of law. International crimes. International right.

RÉSUMÉ

L'objectif de ce travail est d'étudier le phénomène du terrorisme en tant qu'événement susceptible de modifier le système juridique qui réglemente l'utilisation de la force armée de l'État contre le groupe responsable de l'attaque, afin de garantir la protection juridique nécessaire à l'usage de la violence par l'État visant à garantir la protection de l'État de Droit démocratique menacé. En principe, les concepts d'État et de Nation sont définis, ainsi que l'un de ses piliers, la Souveraineté, et l'usage légitime de la violence contre le citoyen pour assurer le respect de la loi et de l'ordre. Ensuite, nous présentons les deux systèmes juridiques applicables à l'utilisation de la force armée, les Droits de l'Homme et le Droit International Humanitaire. Dans la séquence, nous étudions le phénomène du terrorisme, en particulier la classification de ce crime dans l'ordre juridique. Nous faisons une approche sur la justice locale et internationale, ainsi que sur la justice transitionnelle. Nous présentons les normes juridiques internationales pour réprimer le terrorisme et l'utilisation de normes juridiques par les terroristes pour atteindre leurs objectifs. En fin de compte, nous étudions des cas de groupes terroristes révolutionnaires et nous les comparons avec des groupes criminels qui utilisent le terrorisme avec des intentions révolutionnaires, bien que non déclarées. Ce travail est basé sur des recherches et une bibliographie sur le sujet.

Mots clés: Terrorisme. État de droit. Crimes internationaux. Droit international.

6

ÍNDICE

1. INTRODUÇÃO
2. ESTADO E NAÇÃO
2.1 ESTADO
2.2. NAÇÃO
3. SOBERANIA E VIOLÊNCIA
3.1 SOBERANIA
3.2. ESTADO E VIOLÊNCIA
4. DIREITO INTERNACIONAL HUMANITÁRIO E DIREITOS HUMANOS
5. TERRORISMO, NOVAS E VELHAS FORMAS
5.1. DEFINIÇÕES DE TERRORISMO
5.2. INTENÇÃO DO TERRORISMO
6. QUE TIPO DE CRIME É O TERRORISMO?
7. PAPEL DAS CORTES DE JUSTIÇA LOCAIS E INTERNACIONAIS
7.1. TRIBUNAIS CRIMINAIS INTERNACIONAIS
7.2. O TRIBUNAL PENAL INTERNACIONAL (TPI)
7.3. JURISDIÇÃO CRIMINAL INTERNACIONALIZADA
7.4. ASPECTOS DA JUSTIÇA TRANSICIONAL
8. ESFORÇOS DA COMUNIDADE INTERNACIONAL CONTRA O TERRORISMO
9. ASPECTOS DA GUERRA JURÍDICA CONTRA O TERRORISMO
10. ESTUDO DE CASO DE GRUPOS TERRORISTAS REVOLUCIONÁRIOS
11. ESTUDO DE CASO DE GRUPOS CRIMINOSOS QUE PRATICAM O TERRORISMO
12. CONCLUSÃO
REFERÊNCIAS BIBLIOGRÁFICAS

1. INTRODUÇÃO

O fusível é um dispositivo de segurança de um circuito elétrico, que tem a função de interromper a passagem da corrente elétrica no circuito, quando esta ultrapassar o limite permitido pelo fusível, evitando assim um curto-circuito. Antigamente, servia para proteger a parte elétrica das residências e foi substituído pelo disjuntor, que simplesmente desliga quando a corrente é maior do que pode suportar. Hoje, os fusíveis são amplamente usados em eletrodomésticos.

O fuzil é uma arma de fogo portátil, com munição retroalimentada, semiautomática ou automática, com tubo longo de alma raiada (para maior precisão) (Decreto 10.030, de 30 de setembro de 2019, Regulamento de Produtos Controlados (R-105), acesso em 20 de agosto de 2020). Diferente de una pistola (armamento para defesa pessoal), o fuzil tem um alcance maior e é mais destrutivo, sendo a arma utilizada pelas forças armadas em todo o mundo em conflitos internacionais e não internacionais e até mesmo em situações de repressão a grupos criminais e terroristas.

Assim como o fusível é usado para proteger a residência de um excesso de corrente elétrica, o fuzil (o uso da força armada) é usado para proteger um país de um excesso de tensão político-jurídica. O fusível queima para proteger o conjunto de componentes eletrônicos de um dispositivo de uma situação perigosa. O fuzil entra em cena para proteger o conjunto de valores políticos, jurídicos e até econômicos de uma sociedade em situação de risco.

Mas é fácil medir a corrente em um circuito e projetar um fusível compatível com o uso médio. Por outro lado, não é fácil encontrar um indicador confiável para o uso da força armada nas diversas situações político-jurídicas de tensão de uma sociedade. Entre a paz duradoura e o genocídio há uma nuvem de hipóteses de tensões internas, causadas por elementos naturais e antropológicos, até mesmo pela mistura de ambos.

Por que essa definição é importante? Pois a partir dela, o ordenamento jurídico aplicável será definido para legitimar o uso da força. De forma sucinta, para situações de normalidade institucional (incluindo distúrbios internos, combate e prevenção ao crime e manifestações políticas) as regras de Direitos Humanos (RH) são aplicáveis. Para casos de colapso institucional (golpes, revoluções armadas e guerras civis), o Direito Internacional Humanitário (DIH) é o mais apropriado.

Quando a situação é claramente apresentada, ou seja, quando há uma declaração expressa por um grupo de pessoas organizadas de que seu objetivo é a tomada do poder por meio de armas, e de fato esse grupo tem condições de realizar sua tentativa, com certeza temos um conflito armado. Mas há grupos de pessoas organizadas que não declaram sua intenção revolucionária ao público, estão em posição de tomar o poder, estão em processo de fazê-lo gradual e discretamente e usam as ferramentas legais fornecidas pelos Direitos Humanos para cumprir seus objetivos.

Por exemplo, autoridades estaduais e federais brasileiras têm indícios de que facções criminosas atuantes no país já buscavam influenciar o processo eleitoral de 2018 em pelo menos nove estados, espalhados pelas cinco regiões do Brasil (Disponível em <https://noticias.uol.com.br/politica/eleicoes/2018/noticias/2018/09/22/crime-organizado-nas-eleicoes-faccoes-criminosas-do-brasil-na-politica.htm> acesso em 20 de agosto de 2020). As organizações criminosas tentaram influenciar as eleições por meio do financiamento ilegal de candidatos ou partidos, candidaturas de membros de facções ou pessoas ligadas a elas e da capacidade de coagir os eleitores a votar em candidatos apoiados por essas organizações.

Investigadores de São Paulo e do Rio de Janeiro revelaram que pelo menos 20 candidatos (dez em cada estado) estão sendo investigados por supostas ligações com facções criminosas como CV (Comando Vermelho) e PCC (Primeiro Comando da Capital). Esses candidatos, caso eleitos, vão defender o interesse coletivo dos brasileiros pela paz, o progresso econômico e a ordem social, ou o interesse de seu grupo criminoso em projetar seu poder e influência para alcançar seus objetivos obscuros?

Usar a violência armada e o poder econômico para eleger candidatos está longe do que se entende por eleições livres, e essa prática corrompe os alicerces do Estado democrático. Além disso, o PCC, em maio de 2006, praticou atos criminosos indiscriminados e sistematizados contra a população paulista, que podem ser qualificados de atentado terrorista por sua magnitude e consequências, em uma rara demonstração de poder (Disponível em <http://g1.globo.com/sao-paulo/noticia/2016/05/ha-dez-anos-sao-paulo-parou-durante-serie-de-ataques-contra-policiais-e-civis.html> acesso em 20 de agosto de 2020).

Esses dois grupos criminosos (PCC e CV), organizados com estrutura de pessoal, logística e financeira, alguma vez declararam que estão tentando tomar o poder no Brasil, contra a vontade do povo brasileiro? Não há notícias de tal declaração. Estariam essas duas organizações criminosas, por meio de regras eleitorais e do Estado de Direito brasileiro, buscando subverter o Estado brasileiro para obter vantagens por suas atividades ilegais? Certamente a resposta é sim. Não se declara, mas vai fazendo aos poucos sua projeção de poder como numa típica revolução.

O terrorismo é um fenômeno recente na história do Brasil. O primeiro caso de ataque contra a população civil durante o moderno estado democrático de 1988 foi praticado pelo PCC em maio de 2006, mas este não é reconhecido como um ato terrorista pelo governo, mas como um ato criminoso comum. A questão ficou evidente após os chamados Grandes Eventos do Brasil, como os Jogos Mundiais Militares de 2011, a Conferência do Meio Ambiente Rio + 20 em 2012, a Copa das Confederações em 2013, a Jornada Mundial da Juventude em 2013, a Copa do Mundo FIFA 2014 e as Olimpíadas de 2016 fizeram com que a questão do terrorismo ganhasse evidência, não por causa da falta de recursos ou inteligência de contraterrorismo, mas por causa do apoio legal insuficiente.

A ausência de previsão legal para o crime de terrorismo até a promulgação da Lei do Terrorismo no Brasil (Lei 10.260, de 16 de maio de 2016 (Disponível em <http://www.planalto.gov.br/ccivil_03/_ato2015-2018/2016/lei/l13260.htm> acesso em 20 de agosto de 2020) não impediu sua prevenção ou repressão. Mesmo numa época em que não havia previsão para esse tipo específico de crime, suas diversas formas são tipificadas no Código Penal e na extravagante legislação penal. Matar alguém, privar alguém de sua liberdade, expor em risco a vida e a saúde de alguém, incendiá-lo, explosão são crimes no Brasil desde 1500.

O preâmbulo da atual Lei do Terrorismo no Brasil estabelece que "regulamenta o disposto no inciso XLIII do art. 5º da Constituição Federal, disciplinando o terrorismo, atendendo às disposições investigativas e processuais e reformulando o conceito de organização terrorista (...)".

O § 2º do Art. 2º da citada lei estabelece que NÃO é terrorismo "a conduta individual ou coletiva de pessoas em manifestações políticas, movimentos sociais, sindicais, religiosos, de classe ou de categoria profissional, dirigidos com fins sociais ou reivindicatórios, com o objetivo de questionar, criticar, protestar ou apoiar, com o objetivo de defender direitos, garantias e liberdades constitucionais, sem prejuízo da qualificação penal prevista na lei ".

Percebe-se que a intenção do legislador à época não era prevenir, combater ou enfrentar o terrorismo, mas apenas discipliná-lo, ou seja, elencar as hipóteses em que o uso da violência contra civis com o objetivo de concretizar mudanças políticas seria ilegal, deixando espaço para outras hipóteses em que o mesmo ato típico de terrorismo não fosse classificado como crime em teoria.

Mesmo após os Grandes Eventos, a ameaça terrorista continua entre os brasileiros. O candidato eleito à presidência da República, Jair Bolsonaro, foi agredido por arma branca na cidade de Juiz de Fora durante a corrida presidencial em 6 de setembro de 2018, (vésperas das comemorações da Independência) (Disponível em <https://g1.globo.com/politica/noticia/2019/01/27/cronologia-atentado-contra-jair-bolsonaro.ghtml>. acesso em 20 de agosto de 2020). Até o momento o autor do crime não foi condenado por apresentar problemas psiquiátricos e não há notícias sobre os autores do crime. É importante destacar que o ato foi considerado típico de um *lone wolf*, mas o autor do crime, um garçom sem vínculo empregatício, foi defendido por cinco renomados advogados da capital mineira, que chegaram no mesmo dia do ataque de avião para fazer sua defesa.

O grupo da Sociedade Secreta Silvestre (SSS), braço brasileiro do grupo internacional ecoterremista Individualistas Atendendo ao Selvagem (ITS), plantou uma bomba em frente a uma igreja católica a 50 quilômetros do Palácio do Planalto, na véspera da presidência em 2018, e uma bomba na rodoviária de Brasília, que não funcionaram. Mas tiveram sucesso em queimar dois carros do IBAMA (órgão federal de controle ambiental) em abril de 2019 (Disponível em <https://veja.abril.com.br/brasil/bolsonaro-terror-capa-veja/> acesso em 20 de agosto de 2020).

A declaração de beligerância não está presente em nenhum desses casos, mas a ameaça ao Estado de Direito não pode ser negada. Certamente o caso do Brasil não é isolado, outros países têm as mesmas ameaças, principalmente na civilização ocidental, alicerçada na dignidade da pessoa humana e no respeito aos direitos e garantias fundamentais do cidadão.

Se não houver declaração de beligerância, por pelo menos uma das partes, não se pode afirmar que haja conflito armado, portanto o DIH não se aplica ao caso concreto, mas o DH. Mas os casos apresentados mostram que o DH não fornece suporte jurídico adequado quando grupos organizados tentam derrubar o estado de direito em seu benefício e usam proteções legais para proteger suas atividades ilícitas.

Este trabalho propõe uma abordagem holística de prevenção e combate ao terrorismo, mostrando que há momentos em que um ato que dissemina o terror em uma população com o objetivo de atentar contra as instituições políticas de um Estado proporciona uma mudança no ordenamento jurídico aplicável ao caso concreto, de DH ao DIH, visto que uma situação de instabilidade institucional pode mudar para um conflito armado se um evento dessa natureza for praticado.

Para alcançar este objetivo, faz-se necessária uma breve apresentação dos conceitos de Estado e Nação, à medida que surgem e são reconhecidos no Direito Internacional, e a seguir comentamos sobre um dos aspectos mais importantes de um Estado, a Soberania e sua defesa, inclusive por meios violentos (uso da Força Armada).

A seguir, apresentamos as normas jurídicas aplicáveis ao uso adequado da força pelo Estado em tempo de paz (Direitos Humanos) e em tempo de guerra (Direito Internacional Humanitário ou Direito Internacional de Conflitos Armados).

A parte central do trabalho será observar objetivamente o fenômeno do terrorismo, seus elementos constituintes, objetivos principais e indiretos, até mesmo suas tendências no momento presente, e colocar a questão de que tipo de crime é o terrorismo, para entender melhor o que está sendo ameaçado.

É apresentada a importância dos tribunais de justiça nacionais e internacionais na luta contra o terrorismo, bem como o trabalho das comissões de verdade e reconciliação encarregadas de gerir as diretrizes jurídico-sociais para a paz no período pós-conflito, um ramo do direito denominado justiça transicional.

Na sequência, abordamos a legislação internacional sobre terrorismo, os esforços da comunidade internacional para sua prevenção e repressão, bem como aspectos importantes da guerra legal praticada pelos elementos menos favorecidos de um conflito armado assimétrico.

No final, expomos casos de grupos armados revolucionários declarados na América Latina, em comparação com grupos criminosos que não declaram abertamente suas intenções revolucionárias, tanto utilizando ataques terroristas para obter espaço na mídia e projeção de poder, e demonstramos que o os últimos são mais perigosos para o Estado Democrático de Direito de um país do que os primeiros.

2. ESTADO E NAÇÃO
2.1 ESTADO

O conceito de poder e sua relação com o direito serão analisados neste capítulo, para uma explicação da história de suas manifestações, a fim de verificar se é possível escolher um titular e se é necessário impor uma limitação para desenvolvê-lo mais tarde. É necessário compreender o poder, bem como seus estatutos, limites, finalidade e legitimidade, para melhor identificar as consequências de seu uso indevido, considerando que o poder está em qualquer lugar, assim como no ar que se respira (BOBBIO, 1988, p. 204).

Todas as sociedades estão politicamente organizadas de alguma forma, mesmo as mais primitivas. Ou seja, em cada sociedade existem mecanismos estabelecidos, por meio dos quais as decisões públicas são formuladas e implementadas. (DALLARI, 1998, p. 34). Em linguagem comum, podemos dizer que cada comunidade tem algum tipo de "governo", embora histórica e geograficamente a estrutura e o funcionamento desses governos variem amplamente. Em relação a alguns deles, seria necessário abandonar nossas noções preconcebidas sobre o assunto para reconhecer sua existência, já que pouco têm a ver com o que hoje chamamos de governo. Mas o fato é que não se pode prescindir de um mínimo de organização política. Uma comunidade sem ele não seria humana, mas animal.

No entanto, a constatação de que sempre existe um "governo" não é suficiente para pensarmos bem sobre o assunto, pois precisamos ampliar nossa perspectiva, até mesmo para entender a ação do próprio governo. Talvez a maneira mais fácil seja usar um pouco do que podemos chamar de imaginação histórica. Assim, imaginaremos situações que podem não ter ocorrido como as descreveremos, e certamente não aconteceram, pois teremos necessariamente uma visão muito simplificada de processos históricos bastante complexos. No entanto, não se trata de distorcer a história, mas simplesmente de usar o recurso de delineamento para tornar certos aspectos do tópico mais fáceis de entender.

Imagine, então, uma sociedade primitiva, no início da história, que servirá de modelo. No início, é claro, os homens não eram muito diferentes dos outros animais, pois sua tecnologia, ou seja, instrumentos e meios de produção, era extremamente precária. No entanto, a inteligência, o uso de palavras e mãos, além de outras vantagens evolutivas, já marcaram nossa sociedade como uma coletividade muito diferente de um simples grupo de macacos superiores.

É razoável supor que os primeiros líderes desta sociedade foram simplesmente os mais fortes, que podiam impor sua vontade aos outros. No entanto, mesmo os membros mais fortes de um grupo não podem enfrentar todos os outros membros juntos. Assim, os mais fortes trocaram seus privilégios por alguma forma de serviço comunitário: liderar a luta contra inimigos humanos e animais, liderar a caça, entre outros. Porém, com o passar do tempo e a chegada dos avanços tecnológicos, apenas ser o mais forte não era suficiente para ser o líder. Por exemplo, se uma pessoa de inteligência e habilidade superiores inventou a primeira arma (uma lança primitiva ou um machado de pedra), é evidente que a força física já estava equilibrada por algo que a aumentou consideravelmente, além de introduzir uma nova noção espacial na experiência humana: a arma aumenta o alcance do braço, fato incompreensível e intimidante para os animais selvagens e ameaçador para o próprio homem. Assim, desde o início, a tecnologia desempenhou um papel muito importante na organização da sociedade. O controle da tecnologia passou a permitir o exercício de um papel dominante nas decisões coletivas: tecnologia igualava poder. Quem quer que tivesse um machado ou lanças tinha poder (BALMOND, 2010).

Por outro lado, avanços tecnológicos em áreas distintas do armamento, como as relacionadas com a produção mais eficiente de alimentos e roupas. Se, no início, os caçadores-coletores dependiam dos frutos que podiam colher e dos animais silvestres que conseguiam capturar, sua situação era muito precária. O misterioso "poder" estava mais concentrado na natureza, pois lanças, pedras e machados pouco ajudaram contra a eventual escassez de caça ou de plantas comestíveis.

O início do cultivo intencional e organizado de plantas comestíveis e o pastoreio de animais são, portanto, avanços muito importantes nas sociedades primitivas. A comunidade se torna mais forte, mais capaz de resistir às crises naturais, mais capaz de sobreviver e aumentar sua população, mais qualificada para fortalecer sua cultura, por meio da contribuição da experiência de velhos, que não existiam antes. O poder não é apenas das armas, é muito mais daquele que possui a tecnologia de cultivo e pastoreio. Pode ser necessário em nossa sociedade primitiva nos defendermos de vizinhos predadores que, não sabendo criar gado ou plantar-se, decidem saquear a propriedade de outros à força. Essa pode ser a origem do surgimento da profissão militar em inúmeras nações.

Por sua vez, os avanços tecnológicos irão gerar o que geralmente é chamado de divisão social do trabalho. Enquanto alguns moradores se limitavam a colher frutas silvestres e matar animais que tinham a infelicidade de encontrar um homem armado pela frente, o trabalho da comunidade e provavelmente a propriedade era de todos, sem muita diferença, pela simplicidade das tarefas realizadas. pela comunidade. Com o cultivo e o pastoreio, a divisão já começa a aparecer. Novos avanços tecnológicos devem ser adicionados, causados justamente pelo cultivo e pelo pastoreio. Por exemplo, muitas das plantas domesticadas (trigo e milho, por exemplo) dependiam, para seu consumo, do preparo. É necessário não só colher o trigo, mas também selecionar e debulhar as espigas, fazer farinha e produzir pão no fogo. São todas atividades novas, que vão se espalhando gradativamente por diferentes setores da comunidade, bem como atividades geradas pelo pastoreio, como manejo de gado, abate, aproveitamento de peles, conservação de carne, aproveitamento de leite, etc. Muitas atividades exigirão, por assim dizer, equipes, com tendência a formar grupos especiais e constituir alguma forma (muitas vezes esotérica) de transmissão de conhecimento especializado às novas gerações. Outras atividades, por um motivo ou outro, serão desvalorizadas ou subordinadas. Finalmente, pode-se imaginar a complexidade das situações à medida que uma sociedade primitiva se desenvolve.

É importante notar que este processo de divisão social do trabalho introduz conflitos de interesse antes simples na comunidade. Portanto, para um fazendeiro, o campo será um lugar para semear; para um fazendeiro, um lugar para se tornar pasto. Quem se apropria, para si ou para o seu grupo familiar, de terras defendidas à força pode explorar o trabalho de outrem, daqueles que não obtiveram terras utilizáveis. Quem produz trigo poderá trocá-lo por carne e vice-versa, e o valor relativo desses bens, agora transformados em mercadoria, será sem dúvida arbitrado em um processo que envolverá conflitos. Portanto, o interesse de alguns não é necessariamente, como antes, o interesse de todos. Na verdade, é difícil estabelecer qual é o interesse de toda a comunidade (interesse público), porque o que convém a um de seus grupos ou subgrupos internos não servirá ao outro, ou servirá menos. Acrescente-se a isso outro dado importante: a possibilidade de acumulação de sobras, ou seja, de bens em quantidade superior à indispensável ao consumo de seu produtor, o que marcará profundamente o perfil socioeconômico da sociedade, por meio de diversos resultados marcantes, como a acumulação individual de riqueza e o desenvolvimento do comércio, uma atividade improdutiva inimaginável em uma sociedade primitiva, e agora essencial.

Conflitos de interesse causam tensão. A tensão só pode ser resolvida com conflitos. A melhor solução seria estabelecer um sistema pelo qual esses conflitos pudessem ser resolvidos de forma harmoniosa e pacífica, por meio de concessões que beneficiassem todos os interessados. Essa utopia continua a ser perseguida até hoje e, ao que parece, está longe de se concretizar. Antes da existência das instituições de mediação supranacional, os conflitos de interesses se resolviam no confronto, com a vitória de quem tem instrumentos mais eficazes: tecnologias usadas sozinhas ou em conjunto para impor sua vontade (BROWNLIE, 2008, p. 56).

Entre os diferentes caminhos que a evolução de uma sociedade poderia tomar, imagine que os conflitos fundiários entre pastores e agricultores atingissem um nível tão crítico que uma guerra civil ou similar fosse declarada, com a vitória dos pastores, por exemplo. Imediatamente, os pastores se organizariam para manter sua hegemonia e seus líderes seriam os líderes de toda a comunidade. Os interesses predominantes seriam os dos pastores e os conflitos por eles arbitrados. Os costumes e os valores tenderiam a enobrecer progressivamente a pastagem e atividades relacionadas (como passeios a cavalo, fabricação de queijos, etc.) e reduzir as atividades de cultivo da terra. Atividades nobres poderiam ser proibidas para os fazendeiros, que, no caso da cavalgada, teriam também a vantagem de não permitir aos dominados o controle de uma poderosa arma de combate e de uma ferramenta útil para gerar excedentes agrícolas, o cavalo. As religiões poderiam desenvolver mitos adequados à visão de mundo dos pastores, como deuses bois ou deuses pastores, ou contos populares sobre dois irmãos, um pastor e outro fazendeiro, um nobre e um vil, o que, de certa forma, ocorre com o relato bíblico de Caim e Abel, porque Deus rejeitou a oferta do fazendeiro, gerando o primeiro assassinato da humanidade. Em qualquer caso, o estudo da história mostra-nos os caminhos que os diferentes povos percorreram e as suas consequências (ROMANI; SCIARETTA, 2011, v. 1, p. 99).

Com a vitória, os pastores resolveram o conflito básico de sua sociedade e, em curto prazo, têm a garantia de estar no poder, podendo impor suas decisões (soberania). Com o tempo, essa situação pode não ficar tão clara, pois os padres (da classe pastoral e os responsáveis pela religião), os militares e outras categorias assumem papéis que obscurecem a relação imposta pelos dominantes. Portanto, a tendência dos vencedores é criar todos os tipos de mecanismos para se estabilizar no poder (MAQUIAVEL, 1999, p. 81). Desta forma, a divisão entre governantes e governados, estabelecida com a vitória dos pastores, é institucionalizada.

Não é difícil entender o que é institucionalização. Imagine que, depois de vencer o conflito, um dos pastores se tornou um líder e, durante o tempo em que viveu, aos poucos assumiu uma série de responsabilidades e tarefas importantes para seu povo. Com a morte do líder, presume-se que alguém será escolhido para assumir o mesmo cargo. Observa-se que existe uma função social e política a cumprir, independentemente de quem a desempenha. A organização permanecerá se houver uma liderança, não apenas um líder. No momento em que surge a liderança (mesmo que abstrata, expressa em símbolos como cetros, coroas e em atitudes como a deferência da população), independentemente da pessoa, essa liderança passa a ser uma instituição. Com a institucionalização das lideranças, o processo sucessório também se institucionaliza e surgem outras instituições, paralelas ou posteriores. Em comparação com o Brasil de hoje, temos instituições como a Presidência da República, o Congresso Nacional, as Forças Armadas, os Tribunais, o Ministério Público e tantos outros.

Esse conjunto de instituições é denominado Estado. De fato, pode-se dizer que o Estado se apresenta em duas etapas: o estabelecimento da divisão entre governantes e governados; e a institucionalização dessa divisão. Onde tais condições existirem, haverá um estado, seja chefiado por um presidente, imperador ou outra figura, leis escritas ou costumes orais, um, dois, três ou mais poderes, etc. E o funcionamento deste Estado, das suas instituições principais e paralelas, pode sempre ser compreendido à luz da história dessa sociedade, da sua estrutura social e económica, porque o Estado segue uma lógica, ou seja, deriva de uma situação social concreto.

As instituições estão sempre incluídas em uma estrutura ampla, chamada de ordem jurídica, um conjunto de regras de aplicabilidade geral que regem o funcionamento da comunidade. Mesmo após o estabelecimento de um estado complexo, as regras legais, o que agora chamamos de leis, podem não ter sido escritas e misturadas com regras religiosas, morais e afins. Isso ainda existe hoje, mas o que é comum é que a ordem jurídica é mais ou menos diferente da ordem religiosa e moral, com várias implicações.

Deve-se sempre considerar que o exercício da imaginação histórica, descrito acima, não pode ser entendido literalmente. Foi feito um resumo dos processos desenvolvidos ao longo de milhares de anos, apenas um recurso para entender que eventos históricos não acontecem por acaso, mas existem razões e objetivos em muitas coisas em que não percebemos esses atributos a princípio.

Assim, com o surgimento de atividades e, posteriormente, de interesses diversos em uma comunidade antes igualitária devido à escassez de recursos e meios tecnológicos, conflitos de interesse são declarados. Esses conflitos se resolvem com o domínio de um grupo sobre outro, estabelecendo uma diferença entre os superiores e os súditos. Essa diferença é institucionalizada, formando uma ordem jurídica. Assim se estabelecem os alicerces do Estado. Existe um estado em toda sociedade organizada política e legalmente. Pode-se dizer também que o Estado é a organização política e jurídica da sociedade, que muitas vezes se confunde com a sociedade.

Tendo em conta que a sociedade é um sistema de relações de poder, essas relações podem ter um caráter político, social, econômico, religioso e cultural, tendo em conta que o poder é uma relação sócio-psicológica entre quem tem poder e o exerce (titulares do poder) e aquele a quem o poder é dirigido (destinatários do poder).

É nessa sociedade que surge o Estado como forma preponderante de organização sociopolítica, na qual o poder político atua para exercer o controle social sobre os detentores do poder e seus destinatários. No entanto, o poder não só domina essa relação entre detentores e destinatários do poder, mas também condiciona as relações entre os diferentes detentores do poder (KELSEN, 2005, p. 274).

2.2. NAÇÃO

A palavra Estado tem um uso confuso para os brasileiros, devido à forma do Estado brasileiro, que é uma Federação, dividido entre a União (governo federal) e os Estados. Assim, quando se fala em Estado, é comum o brasileiro pensar em Mato Grosso, Minas Gerais, Pará ou Paraná. Aqui, entretanto, usamos o estado em outro sentido. O termo Estado, que se refere a São Paulo ou Rio de Janeiro, pode ser denominado "Estado Membro", uma vez que todos fazem parte do

Estado Brasileiro. Nesse sentido, o Brasil é um estado, assim como a Espanha ou os Estados Unidos. Portugal, na época das Grandes Navegações, era um Estado, e continua a ser, mesmo participante da União Europeia. Na época do Império, o Brasil era um estado, assim como a Mesopotâmia, a Pérsia e Roma eram estados, em seus respectivos tempos.

Na linguagem coloquial, é comum usar as palavras "Estado", "Nação", "País", "Pátria", sem distinção. Porém, para aprofundar o estudo do tema proposto, é necessário utilizar cada termo em seu devido lugar. O termo País refere-se à localização geográfica de um Estado ou Nação, e a Pátria indica o vínculo afetivo, cultural e histórico com o Estado ou Nação. Estado e Nação, por outro lado, requerem uma explicação mais elaborada.

Atualmente, a maioria dos países pode ser classificada como 'Estados-nação'. Talvez até mesmo os estados não nacionais sejam a maioria, dependendo dos critérios de avaliação. Existem estados que constituem várias nações e nações que incluem vários estados. A Nação significa uma raça ou grupo étnico comum, uma língua semelhante, uma história conjunta, tradições, valores e hábitos semelhantes; ou seja, cultura em sentido amplo, sentimento que faz com que um cearense, um carioca, um gaúcho e um paulista se sintam pertencentes a uma mesma nação, mesmo com diferenças regionais. Rachel de Queiroz, Machado de Assis, Érico Veríssimo e Monteiro Lobato fazem parte do patrimônio afetivo, histórico e cultural de todos os brasileiros.

O mesmo não acontece, por exemplo, com outras pessoas que vivem muito mais perto do que os cearenses e os gaúchos, como os bascos e os castelhanos. Os bascos, que falam a sua própria língua e têm a sua cultura, encontram-se na Espanha e na França, o chamado País Basco, mas podem ser cidadãos do estado espanhol ou francês. No entanto, eles não são cidadãos da Espanha ou da França, eles são bascos. Embora estejam sujeitos ao ordenamento jurídico da França ou da Espanha, formalmente não são cidadãos bascos, e por isso muitos deles levam sua discordância ao extremo, buscando estabelecer um Estado nacional basco pela violência (INFO ESCOLA, 2018), sem levar em conta a ordem jurídica que abriga seu povo. O mesmo atrito ocorre com os povos indígenas da América, Gália (território francês) e Catalunha (território espanhol) e os *touaregs* do Norte da África.

É muito difícil para o brasileiro entender esse problema. O Brasil é um caso excepcional, em que um estado geograficamente grande coincide com uma nação, ainda que alguns comam barreado e outros prefiram maniçoba (as preferências culinárias são diferenças culturais muito superficiais). A Rússia, por exemplo, é uma das várias nações que formaram o estado soviético. Os habitantes da Ucrânia, Geórgia e outras ex-repúblicas soviéticas eram cidadãos russos até o final do Pacto de Varsóvia. Da mesma forma, os Estados Unidos são formados por colônias inglesas, francesas e espanholas, e a identidade nacional americana foi forjada pelo sentimento comum de diferentes culturas pela busca da felicidade, prosperidade e segurança. No Canadá, coexistem duas nações principais, a inglesa e a francesa (CANADA GUIDE, 2019), juntamente com os povos pré-colombianos. Os descendentes de franceses, em diversas ocasiões, já demonstraram sua disposição de se separar do Estado canadense, que por sua vez é uma Monarquia Constitucional vinculada à Coroa Britânica (THE ROYAL FAMILY, 2019). O Estado-nação britânico, embora reafirme seus laços nacionais ao se afastar da União Europeia (o chamado Brexit), está diminuindo parte de sua identidade nacional com a recente independência relativa da Escócia, seguindo os passos da Irlanda um século atrás. A Itália foi muitos estados no século 19, como Veneza, Florença, Gênova, Sicília, Sardenha, Nápoles e outros, antes da unificação em torno das mesmas instituições políticas. A Iugoslávia era uma ficção política e legal, tentando unificar várias nações muito individuais, como sérvios, croatas, montenegrinos, macedônios, tchecos, eslovenos, eslovacos, etc. No caso de africanos e índios, a palavra mais usada é Tribo, em vez de Nação, embora o conceito seja semelhante. Os vários grupos independentes de indígenas sul-americanos, embora muito reduzidos para serem considerados um estado multinacional, são nações em sentido amplo, sujeitas aos estados brasileiro, argentino, chileno ou outros estados constituídos.

Embora a maioria das nações tenha um território fixo, há nações sem esse requisito. A nação cigana se espalha pelo mundo, sem perder sua identidade, sem a existência do território cigano. Do mesmo modo, as personas dispersas em muitos países podem considerar-se cidadanos do mesmo estado, como os chamados governos em exílio, como a Coroa portuguesa quando deixou Portugal em 1808, e aqueles resistentes à ocupação nazista fora de seus países, durante a Segunda Guerra Mundial.

É importante levar em consideração o patrimônio cultural de uma determinada nação ao tentar entender seus problemas, como os indígenas brasileiros, palestinos, irlandeses e outras populações, cujos conflitos acabam virando notícia, embora muitos ocorram em lugares que raramente ouvimos ou são mal narrados, devido aos interesses envolvidos. São noções fundamentais para compreender a história dos povos, pois sem elas se perde boa parte do seu significado. Por exemplo, um evento histórico como a Guerra dos Cem Anos é frequentemente visto apenas como uma guerra de cem anos entre a França e a Inglaterra no século XVI. Acontece que a França e a Inglaterra, como as conhecemos hoje, não existiam. Além disso, havia senhores feudais franceses nas ilhas britânicas e senhores feudais ingleses no continente francês. Em outras palavras, não foi exatamente uma guerra entre França e Inglaterra, mas sim crises internas da classe dominante da época, que passou pelo declínio do feudalismo e o início da afirmação do poder dos reis (o germe da estado que substituiria disputas e soberania). Se ignorarmos esses fatos, nosso entendimento seria prejudicado por pensamentos superficiais como "sempre houve rancor entre ingleses e franceses", e assim não analisamos adequadamente os fatos por ignorar os dados relevantes.

Uma Nação é composta por três elementos essenciais: território, povo e soberania (KELSEN, 2005, p. 299). Vamos analisar em maior profundidade um dos elementos essenciais do Estado-nação, a soberania.

3. SOBERANIA E VIOLÊNCIA
3.1 SOBERANIA

Ao declarar que o Estado é soberano, significa que não se submete a ninguém, que não há poder acima dele. Se um determinado estado não é politicamente independente, não é soberano. Os cidadãos deste Estado são, na prática, cidadãos do Estado de que depende. Temos diferentes exemplos na história antiga e contemporânea, de pessoas vivendo no limbo legal, com cidadania de segunda classe.

O poder político é aquele exercido pelo Estado em uma sociedade organizada. É, portanto, um poder privativo, exercido com supremacia sobre todas as pessoas que estão sob a jurisdição do Estado. Este Estado surge para instituir, organizar e limitar o exercício do poder que organiza a coletividade das pessoas, é um fenômeno jurídico, e nasce de acordo com as normas criadas para esse fim (MIRANDA, 1983, p. 142).

A soberania é um conceito político e jurídico, com várias implicações. Atualmente, nem mesmo as superpotências têm soberania indiscutível e unilateral, já que a interdependência entre os Estados, seja no comércio, na economia, no meio ambiente ou no poder da guerra, é um fato indiscutível. Os Estados mais fracos (que têm menor projeção de poder nacional) têm uma soberania relativa, enfraquecida pela superioridade econômica e militar dos mais fortes. Em qualquer caso, tenta-se respeitar as aparências. Ou seja, um governo não diz (publicamente) ao outro: nomeie esse ministro, pare de vender aquele produto a um país consumidor. Porém, a soberania dos mais fracos é violada em todos os momentos, além das notórias áreas de influência das grandes potências, nas quais a soberania do Estado está subordinada aos interesses das potências hegemônicas, como os países satélites que se formaram a União Soviética, o Sudeste Asiático para a China, as ex-colônias africanas para a Europa ou a América Latina para os Estados Unidos.

Não há consenso sobre o componente em que a soberania estaria inserida. No caso de Luís XIV, a solução foi afirmar: *"L'état, c'est moi"*. Resumidamente, ele declarou que o rei tinha soberania, ponto final. Hoje, essa afirmação é pouco relativa, devido ao globalismo e à instituição de organizações supranacionais como Liga das Nações, Nações Unidas, Organização dos Estados Americanos, Organização do Tratado do Atlântico Norte, Mercado Comum do Sul, União Européia, entre outras. Existem Estados cuja soberania se concentra na figura do governante (ou governantes, como uma junta militar). Em todo caso, é possível perceber que a soberania não está de fato no governante, mas em todo o esquema militar e econômico que o sustenta.

Em termos jurídicos, é comum relacionar a soberania ao povo, citando a soberania popular nas constituições (democracia, governo popular). Assim, o povo concentraria a soberania e a exerceria por meio de suas instituições. No entanto, apenas um exame caso a caso pode confirmar se a escrita reflete a realidade.

Para defender os interesses do Estado e mesmo garantir a existência da Nação, por vezes ameaçada nos seus elementos constitutivos, o Estado dispõe dos instrumentos necessários. Portanto, quando um povo (ou parte dele) é sistematicamente atacado, um território está sendo invadido ou as instituições que exercem soberania estão desmoronando, o Estado pode utilizar os meios necessários para se manter como tal, o que inclui o uso da violência de diversas maneiras.

3.2. ESTADO E VIOLÊNCIA

O Estado busca e defende o interesse público. No entanto, não é fácil encontrar um interesse público, uma vez que geralmente inclui o interesse das classes dominantes, ainda que indiretamente. O interesse de toda a comunidade é muito difícil de descobrir e ainda mais difícil de alcançar. Porém, o Estado representa nominalmente o interesse público, o bem-estar da sociedade, fato que se reflete no ordenamento jurídico. Este, por sua vez, rege o comportamento do cidadão, o próprio estado e as relações entre o estado e o cidadão (discurso de Max Weber na Universidade de Munique em 1918, publicado em The Politics by Vocation, no ano seguinte) (DE SOUZA, 2010, p. 73). No chamado "Estado de Direito", a lei (em sentido amplo, no sentido de ordem jurídica) subordina pessoas, governos e instituições, chegando mesmo a impor princípios inalteráveis. Portanto, a mudança da lei ocorre apenas no Estado de Direito, pois o ordenamento jurídico estabelece as regras para efetuar as mudanças em si mesmo.

Só existe um ordenamento jurídico, vinculado ao próprio Estado. Não é concebível que o Estado reconheça a ordem jurídica de outrem, pois ao fazê-lo estaria incorporando essa ordem à sua, transformando-a em parte de si mesmo, pois só o Estado tem soberania. No nível estadual, a ordem jurídica se estende a tudo e a todos, inclusive aos cidadãos estrangeiros em seu território ou jurisdição.

Conclui-se que o Estado detém o monopólio das normas jurídicas. A regra pode não ser obedecida, mas tal desobediência não deve ser tolerada. Do contrário, a existência da norma não faz sentido. Conclui-se que o Estado exerce coerção sobre todo o ordenamento jurídico, inclusive por meios violentos. Portanto, o Estado detém o monopólio da violência (KELSEN, 2005, p. 412). Mesmo que o vizinho cometa flagrante violação da norma legal, o cidadão não pode condená-lo ou prendê-lo, apenas o Estado (exceto as causas que isentam de responsabilidade criminal, que não obrigam o cidadão, apenas lhe conferem o direito de agir). Em nome do interesse público, somente o Estado pode conduzir conflitos armados, reprimir crimes, usar a violência legalmente, a coerção.

Em uma sociedade estatal, o poder político coordena e limita as funções do Estado, mantendo a possibilidade de vida para diferentes grupos sociais sob a mesma regra. O poder é a essência de cada governo, paralelamente ao uso da violência. O poder político caracteriza-se pela atribuição da possibilidade do uso da força física exclusivamente ao Estado, poder que, portanto, é vedado ao cidadão (salvo nos casos de isenção de responsabilidade penal, como a legítima defesa, o exercício regular do direito, entre outros, como o desforço necessário contra a ameaça de posse ilegal de bens imóveis). Dito isto, é claro que o poder político deve caber exclusivamente ao Estado, que, em benefício da sociedade, recorrerá à força física apenas nos limites que ele mesmo admitiu ao conceder o poder político (VEGA, 2020).

Essa violência em geral não é realmente exercida (chamada violência estrutural), mas o indivíduo contemporâneo está tão acostumado a estruturar sua vida pela ordem jurídica que não percebe essa forma de violência (quando a violência vem de costumes ou regras morais, ela é chamada de violência cultural). Mesmo que o cidadão se submeta à norma universal, segundo a qual "tudo o que não é proibido é permitido", o indivíduo está sob pressão permanente para não cometer um ato proibido, mesmo que não conheça a lei. Dentre os atos ilícitos conhecidos, destaca-se a pressão do Estado para aplicar a sanção cabível a quem infringir a regra. Em termos gerais, a violação da regra implica punição, medidas coercitivas contra o infrator, que podem ir desde uma advertência até a pena de morte. Somente a ordem jurídica, o Estado, pode forçar uma pessoa ou organização a fazer ou parar de fazer algo.

Certamente, esse monopólio da violência é desafiado em todos os momentos, tanto por indivíduos quanto por organizações. A situação é crônica no Brasil, pois os grupos ou facções que não reconhecem a legitimidade do Estado não se sentem obrigados a respeitar a lei e o monopólio da violência (porém, as revoluções que conseguem derrubar o governo de um Estado são rápidas para impor sua própria ordem jurídica e restabelecer o monopólio da violência). Embora seja fundamental que a lei seja aplicada igualmente a todos, isso nem sempre ocorre, ou seja, as contradições entre a previsão jurídica e a realidade (entre o abstrato e o concreto) são muito divergentes, o que reduz a obediência dos cidadãos, o legitimidade do Estado e o conseqüente monopólio da violência.

4. DIREITO INTERNACIONAL HUMANITÁRIO E DIREITOS HUMANOS

A estrutura legal internacional apropriada para o uso da força armada, especialmente o direito internacional humanitário, precisa de um estudo cuidadoso a fim de compreender os desafios modernos que o terrorismo impõe.

Cada civilização criou "células de humanidade", formando um conjunto de regras para limitar o uso da violência e também encorajar a solidariedade para com as vítimas de um conflito. Essas regras geralmente se aplicavam apenas aos mesmos membros do grupo ou civilização. Por exemplo, Platão escreveu que certas limitações deveriam ser observadas nas guerras entre cidades gregas, mas esses limites não eram aplicáveis à luta contra os persas (VEUTHEY, 2010).

Essas regras visavam garantir a sobrevivência da população. Os guerreiros não devem atacar mulheres e crianças, destruir plantações ou árvores, envenenar fontes de água ou destruir locais e edifícios sagrados porque essas ações podem colocar em risco a sobrevivência da população.

A definição mais simples e comum de DIH é a "Regra de Ouro" definida como "Não faça aos outros o que não deseja que façam a você". Essa exigência de reciprocidade para limitar o uso da força e da solidariedade relacionada à ação humanitária está presente na maioria das tradições religiosas, como hinduísmo, confucionismo, xintoísmo, budismo, taoísmo, zoroastrismo, judaísmo, cristianismo e islamismo.

Nos países asiáticos, o budismo, o hinduísmo e o taoísmo, o confucionismo e o xintoísmo listam os princípios da humanidade para lidar com o inimigo durante um conflito armado. Exemplo: *Bushido* japonês (*Bushi* = Samurai e *Do* = caminho).

O budismo tem dois princípios fundamentais: *maitri* (benevolência) e *karuna* (misericórdia, compaixão), muito próximos do significado de humanidade (MILLET-DEVALLE, 2010).

O hinduísmo tem regras sobre o tratamento humano dos inimigos derrotados, bem como a lealdade no combate e o uso de armas que causam ferimentos supérfluos. As Leis de Manou (um código de leis com normas morais e religiosas) prescrevem que um guerreiro nunca deve usar armas traiçoeiras contra seus inimigos, como paus, flechas envenenadas ou couro queimado (*idem, ibidem*).

As Leis de Manou também proíbem atacar um inimigo: a pé (quando o atacante está em um veículo), agindo de forma afeminada, dando as mãos, implorando por misericórdia, sem o couro cabeludo, sentado ou dormindo, ou sem armadura, completamente nu, desarmado, assistindo o combate ou ataque a outro inimigo, ou cuja arma está quebrada, ou caída no chão, ou gravemente ferido, ou é covarde ou quando está fugindo.

Dois livros sagrados da Índia, *Ramayana* e *Mahabharata*, proíbem o uso de armas de destruição em massa, o que não permite a distinção entre combatentes e não combatentes. No *Mahabharata*, "Arjuna (uma figura religiosa indiana), submetendo-se às leis da guerra, absteve-se de usar a *pasupathastra*, uma arma hiperdestrutiva, porque o combate exigia apenas armas clássicas comuns, portanto o uso de armas extraordinárias ou não clássicas não seria apenas ser contrário à religião ou às conhecidas leis da guerra, mas também imoral "(*apud* BALMOND, 2010).

O juiz Weeramantry da Corte Internacional de Justiça (CIJ) usou essa passagem como argumento em sua opinião divergente sobre o Aviso Consultivo da CIJ sobre a legalidade da ameaça ou uso de armas nucleares, argumentando que a Corte deve geralmente garantir a representação dos diferentes formas de civilização e os principais sistemas jurídicos do mundo.

O juiz também citou uma passagem em Deuteronômio (quinto livro do Pentateuco, Antigo Testamento) que proíbe o corte de árvores frutíferas (Deuteronômio 20, 19 "Quando você sitiar uma cidade por muitos dias, lutando contra ela para tomá-la, você não deve destruir seu bosque, pondo o machado nele, porque você pode comer dele; então você não vai cortá-lo; a árvore do campo é por acaso um homem, para que possa ser atacado por você? "), hábitos tribais africanos, a proibição da arma chamada besta ou balestra pelo Conselho de Latrão em 1139, bem como a doutrina muito detalhada de Sto. Tomás de Aquino sobre, entre outras questões, a proteção de não combatentes.

O cristianismo ocidental tentou criar limites por meio das tradições da cavalaria e proclamou, nos séculos 10 e 11, a *Treuga Dei* (trégua de Deus) e a *Pax Dei* (paz de Deus), uma iniciativa da Igreja. De acordo com essas proclamações, todas as hostilidades eram proibidas em certos períodos do calendário litúrgico (do primeiro domingo do Advento à Epifania, da Quarta-feira de Cinzas à Ascensão) e em certos dias da semana (quarta à tarde a domingo pela manhã, em memória da Paixão e Ressurreição de Jesus Cristo).

Os primeiros defensores do Direito Internacional Humanitário, não por acaso, foram religiosos, que reconheceram a dignidade inerente a todo ser humano, criado à imagem de Deus, como São Tomás de Aquino (1225-1274), o dominicano Francisco de Vitoria (1483 - 1546), Baltazar Ayala (1548-1584), o jesuíta Francisco Suárez (1548-1617) e o protestante suíço Emmerich de Vattel (1714-1767).

A teoria da guerra justa foi aperfeiçoada por Sto. Tomás de Aquino e foi bem recebida em várias ordens medievais europeias. Vejamos, por exemplo, alguns fragmentos das cartas de Alfonso X El Sabio, Rei de Castela:

- "A guerra causa destruição, separação e inimizade entre os homens, mas quando bem feita, traz paz depois";

- "Existem quatro tipos de guerra: a primeira, chamada iusta em latim (...) a segunda forma é chamada iniusta, que é uma guerra com orgulho e sem direitos (...)";

- "Fazer a guerra é algo que tem que ser bem pensado (...) para o fazer com razão e direito. E esta guerra deve ser travada contra os inimigos dentro do reino (...) [ou] contra os inimigos fora do reino";

- "Guerra e paz devem ser feitas por ordem do imperador";

- "Tirano é o senhor cruel que conquistou um reino ou território pela força, maquinação ou traição" (MATAMOROS, p. 9).

Mas a elaboração conceitual mais completa deve-se ao Padre Vitória e à Escola de Salamanca do século XVI. Os requisitos para uma guerra a ser considerada consistiam, em suma, que:

a. Seja declarada e executada por uma autoridade legítima, sem oposição do povo;

b. Por uma causa boa e justa, como a legítima defesa, a ação preventiva contra um tirano que estava para atacar ou a punição de um inimigo culpado;

c. Com uma chance razoável de sucesso;

d. Para alcançar a paz (intenção correta);

e. Quando for necessário evitar um mal maior que o dano causado pela guerra, ef

f. Como último recurso, depois que o diálogo e a negociação falharem. (*idem, ibidem*).

A codificação da Lei dos Conflitos Armados foi uma iniciativa do Czar Alexandre II da Rússia, onde representantes de 15 estados europeus participaram de uma conferência em Bruxelas em 27 de julho de 1874, para estudar o desenho de um acordo internacional sobre leis e costumes da guerra. O texto inicial foi aprovado com algumas modificações. No entanto, muitos estados não quiseram aceitar um acordo vinculativo, por isso o texto não foi ratificado. De qualquer forma, esse foi um primeiro passo importante na codificação das Leis da Guerra (VEUTHEY, 2011).

O Instituto de Direito Internacional, durante uma conferência em Genebra, nomeou uma comissão para examinar a Declaração de Bruxelas e apresentar seu parecer e propostas complementares ao Instituto. Os esforços do Instituto levaram à adoção, em 1880, do Manual Oxford sobre a Lei dos Conflitos Armados em Terra. A Declaração de Bruxelas e o Manual de Oxford foram a base para as duas Convenções de Haia, sobre conflitos armados em terra e disposições relacionadas, adotadas em 1899 e 1907.

Durante séculos, as nações começaram a acreditar que a lei deve prevalecer na esfera do conflito, para evitar seus efeitos mais desastrosos. O desenvolvimento de novas formas de comunicação, armas de destruição em massa e armas cada vez mais sofisticadas levaram a uma consciência mundial das características desumanas e sangrentas dos conflitos contemporâneos.

Essa consciência teve uma evolução notável no século 19, com a prática de coalizões, capitulações e convenções de armistício. Estes desenvolvimentos, que visam humanizar o tratamento das vítimas de conflitos, nasceram de normas habituais, revelando o desenvolvimento de uma ética combativa.

Um processo válido de construção de normas jurídicas internacionais teve início na segunda metade do século XIX, com os esforços de Henri Dunant na Europa, que presenciou a cruel Batalha de Solferino, e a seguir idealizou a Primeira Convenção de Genebra, em 1864, e Francisco Lieber, que redigiu o primeiro código promulgado sobre o assunto pelo governo dos Estados Unidos da América durante a Guerra Civil.

Durante o século 20, essa evolução ocorreu com as Convenções de Genebra em 1906 e as Convenções de Haia em 1899 e 1907. Ao codificar uma norma jurídica que fazia parte do direito internacional consuetudinário, essas Convenções mostraram o início de um direito humanitário de proteger as vítimas, e uma lei sobre a guerra, para limitar as ações do combatente.

O Direito Internacional Humanitário e o Direito da Guerra evoluíram e ganharam alguma eficácia, mas a Primeira Guerra Mundial mostrou, pela primeira vez, o caráter incompleto dessas normas e as dificuldades de sua implementação pelos Estados. Os novos instrumentos convencionais têm procurado preencher as lacunas de um quadro jurídico que não está suficientemente protegido. Enquanto isso, a Segunda Guerra Mundial mostrou a necessidade de um conjunto abrangente de regras que garantisse a proteção das vítimas da guerra de forma mais eficiente. Esta foi a contribuição das Quatro Convenções de Genebra de 12 de agosto de 1949, que agora constituem a base do Direito Humanitário. Essas convenções tiveram destaque nos julgamentos de Nuremberg e Tóquio, onde, pela primeira vez, os acusados de crimes de guerra foram condenados.

Durante a segunda metade do século XX, cresceu o campo de aplicabilidade do DICA, no seio de uma comunidade internacional em que a sua capacidade de funcionamento se baseia na Carta das Nações Unidas. O DICA contém aspectos da proteção dos bens culturais, do meio ambiente natural, da participação de crianças em conflitos armados, da proibição de certas armas consideradas desumanas ou que causam sofrimento excessivo.

Ao mesmo tempo, a aparência do conflito armado mudou em grande medida. Conflitos internos trouxeram novos atores não estatais (como organizações terroristas), criando múltiplas repercussões internacionais e, ao mesmo tempo, operações de manutenção e imposição da paz tornaram-se ainda mais comuns após o fim da Guerra Fria.

O Direito Internacional de Conflitos Armados é um ramo específico do direito internacional público e possui três áreas diferentes.

A Lei da Guerra, também conhecida como "Lei de Haia", reagrupa o conjunto normativo das Convenções de Haia, das quais as mais conhecidas são as promulgadas em 18 de outubro de 1907; um trata das leis e costumes do conflito armado em terra e o outro do conflito armado naval. Esses textos foram criados para proteger o combatente dos efeitos mais horríveis da guerra e definem algumas regras aplicáveis ao combate, como a proibição da perfídia ou a declaração de que não haverá prisioneiros (nem quartel). As normas delas derivadas buscam proteger alguns direitos também ameaçados, como a Convenção de Haia de 14 de maio de 1954, relativa à proteção de bens culturais.

O Direito Internacional Humanitário compreende o conjunto criado pelas Convenções de Genebra de 12 de agosto de 1949 sobre os doentes e feridos (primeiro), náufragos (segundo), prisioneiros de guerra (terceiro) e população civil (quarto). Essas quatro convenções buscam proteger as vítimas da guerra, ou seja, os combatentes *hors de* *combat* e a população civil que sofre os terríveis efeitos dos conflitos. Desde o início do século 20, a proporção de vítimas civis na guerra é muito maior do que a de militares.

Na divisão entre o Direito da Guerra e o Direito Humanitário existe uma lei combinada, que inclui elementos de ambos os ramos. Estes são os dois Protocolos Adicionais às Convenções de Genebra, adotados em 8 de junho de 1977 em Genebra.

A Lei de Controle de Armamentos reúne convenções internacionais que proíbem, limitam ou regulam o uso de certas armas ou munições. Proíbe armas químicas e biológicas, minas antipessoal, projéteis de ponta oca (munição *"dum dum"*), armas com projéteis de raios X não detectáveis, lasers cegantes, entre outros. O uso de armas incendiárias, por sua vez, é regulamentado e limitado ao ataque exclusivo de alvos militares fora da concentração civil. Da mesma forma, o uso de minas não antipessoal ainda é permitido, mas somente se todas as precauções forem tomadas para proteger os civis de seus efeitos, mesmo após o conflito.

A Lei de Controle de Armamentos complementa instrumentos internacionais relacionados ao desarmamento, como o Tratado de Não Proliferação de Armas Nucleares, o Tratado de Forças Convencionais na Europa - FCE (*Forces Conventionnelles en Europe*) ou o Tratado de Redução de Armas Estratégicas - START (*Strategic Arms Reduction Treaty*) e Diálogo sobre Limitações de Armas Estratégicas - SALT (*Strategic Arms Limitations Talks*). Esses instrumentos são paralelos ao Controle de Armas, uma vez que ambos buscam uma redução progressiva de certas armas, até seu total desaparecimento, uma vez que a questão do Controle de Armas é mais do que a proibição de certas armas.

É durante um conflito armado que o poder soberano de um estado freqüentemente manifesta sua força. Nesse sentido, alguns estados não hesitam em privilegiar a eficiência militar sobre as normas legais. Pelo contrário, o respeito pela Lei dos Conflitos Armados permite a realização de operações militares, o que limita os efeitos desumanos da guerra. Essa é uma condição essencial para evitar a ocorrência de um ciclo vicioso de barbárie.

O arcabouço do Direito dos Conflitos Armados, embora imperfeito, constitui uma proteção valiosa para as Forças Armadas e também para a população civil. Permite a solução, ou tentativa de resolução, de situações difíceis, complexas ou ambíguas que caracterizam todos os conflitos armados. Definem a ação das Forças Armadas, contribuindo para a imagem do país em caso de intervenção externa.

A Lei dos Conflitos Armados é aplicável a todos os conflitos armados. Pode ser internacional, quando ocorre entre dois Estados soberanos, ou não internacional, sendo o exemplo mais frequente a guerra civil. Os conflitos armados não internacionais devem ser diferenciados de situações de tensão interna, insurreições e outros atos semelhantes de violência, que não são considerados conflitos.

Esta distinção é importante porque dela deriva o sistema jurídico aplicável a cada circunstância. Portanto, no que diz respeito ao Direito Internacional Humanitário, um conflito armado não internacional é regulamentado pelo Protocolo Adicional II às Convenções de Genebra. Por outro lado, em um conflito internacional, as partes beligerantes devem se submeter às quatro Convenções de Genebra e ao Protocolo Adicional I. As regras aplicáveis aos conflitos armados internacionais são mais amplas e protetoras do que nos conflitos armados não internacionais.

O cerne dos direitos humanos fundamentais é aplicável a todas as situações, mesmo fora de conflito, e independentemente das suas características, sejam internacionais ou não. É o Artigo 3 comum às Convenções de Genebra que define as regras básicas para a proteção de seres humanos, e também o quadro jurídico dos Direitos Humanos, que enumera três princípios importantes:

- **Inviolabilidade**: garante a todas as pessoas e combatentes o direito ao respeito pela vida e pela integridade física e moral;

- **Não discriminação**: para que todos sejam tratados independentemente de sua raça, gênero, nacionalidade, opinião política ou religião (este princípio dos direitos humanos é diferente do princípio da discriminação, específico do Direito Internacional Humanitário, explicado a seguir);

- **Certeza**: para que o indivíduo não seja responsável por algo que não cometeu, através das necessárias garantias judiciais e da proibição de represálias, punições coletivas, tomada de reféns e deportações.

As normas do direito internacional humanitário visam proteger os combatentes em um conflito armado, mas também os enfermos, feridos, naufragados, religiosos e profissionais de saúde, prisioneiros de guerra, correspondentes de guerra, diplomatas, organizações humanitárias e agentes de defesa. Civis, refugiados e, como um todo, a população civil afetada por uma situação de conflito armado, especialmente mulheres e crianças.

Os princípios fundamentais do Direito Internacional Humanitário são:

- **Humanidade**, que se baseia no desejo de evitar, por todas as medidas possíveis, os danos desnecessários e sofrimentos supérfluos causados pelo uso da força. Nesse sentido, a escolha dos meios e métodos de combate não é ilimitada, mas deve respeitar as regras do DICA que limitam os efeitos nocivos do uso da violência. A Cláusula Martens (esta Cláusula foi criada pelo jurista estoniano Friedrich de Martens, e faz parte de várias convenções internacionais) estabelece que: "A população civil e o combatente permanecem sob a proteção do *Droit des Gens* (*Jus gentium*, Lei das Gentes, ou Direito Internacional), as normas decorrentes dos costumes instituídos, dos princípios de humanidade e das obrigações de consciência pública." O respeito pela Lei dos Conflitos Armados segue uma lógica de humanidade. Cada batalha vencida sem respeitar a dignidade humana é, mais cedo ou mais tarde, uma batalha perdida;

- **Discriminação**, também conhecida como Princípio da Precaução, impõe aos combatentes a obrigação de distinguir os alvos militares, que podem ser atacados, da população e dos objetos civis, que não devem ser alvo de qualquer ataque voluntário. Uma das maiores dificuldades na implementação desse princípio é encontrar uma maneira prática de distinguir entre alvos militares e objetos civis. O Art. 52 do Protocolo Adicional I às Convenções de Genebra esclarece: "no que diz respeito à propriedade, os objetivos militares são limitados àqueles que, por sua natureza, localização, destino ou uso, demonstrem uma contribuição militar efetiva para a ação militar, e sua destruição, a captura ou neutralização parcial ou total fornece uma vantagem militar completa ";

- **Proporcionalidade**, que requer a abstenção de um ataque que possa causar a perda acidental de vidas humanas na população civil, ferimentos à população civil, danos à propriedade civil ou um conjunto de perdas e danos considerados excessivos em relação à vantagem militar concreta que se espera diretamente. A implementação deste princípio baseia-se na coincidência entre os meios empregados e o resultado militar desejado. A implementação do Princípio da Proporcionalidade não exclui os danos colaterais que possam afetar a população ou a propriedade civil, a menos que sejam exagerados em relação à vantagem militar concreta que é diretamente esperada. Nem exclui que alguns alvos, que se beneficiam da proteção especial de uma convenção internacional, se tornem alvos militares, se esta convenção menciona explicitamente a capacidade do atacante de argumentar que há uma necessidade militar de infligir o ataque.

Respeitar o DICA é garantia de eficácia no cumprimento da missão. Melhora o comportamento do combatente, revigorando o sentimento de disciplina. Também facilita a gestão e a conclusão de uma crise, e o retorno à paz em um momento em que todas essas questões são fundamentais em qualquer intervenção externa.

No equilíbrio entre o Princípio da Humanidade e as Necessidades Militares, o DICA parte do azimute do Princípio da Economia de Forças e Meios.

Para ser eficiente, o DICA deve ser respeitado pela grande maioria dos Estados, senão por todos. Você deve encontrar a universalidade, para que todos possam aceitá-la. Também deve ser cercado por medidas de confiança, supervisão, controle e sanção.

Da mesma forma que as obrigações nascidas da moral individual e coletiva são implementadas de forma voluntária, e não impostas ao acaso, as obrigações nascidas do Direito reúnem a população de um Estado que busca respeitá-las, podendo ser submetidas, se há base legal, a sanções disciplinares e legais.

Os combatentes devem respeitar as regras da DICA em todas as circunstâncias. Não se admite em nenhum caso que o desvio de conduta se afaste dele, independentemente do contexto ou missão, ainda que o oponente não os respeite.

O Comandante tem responsabilidade integral nesta matéria, devendo zelar para que os integrantes das Forças Armadas conheçam o assunto e cumpram as obrigações dele decorrentes. Ele é o responsável pela instrução e treinamento do DICA.

É um erro do Comandante acreditar que o DICA pode ser ignorado caso a eficiência militar diminua. Não existe tal hipótese, e o motivo é simples: ao respeitar o DICA, as tropas tornam-se ainda mais eficientes, porque:

- Tiros em alvos não militares resultam em perda de recursos e tempo no campo de batalha e desmoralização das tropas;

- O apoio da população civil é essencial para a solução de qualquer conflito assimétrico, restaurando a paz a longo prazo;

- O respeito ao meio ambiente ajuda na reconstrução do país no período pós-conflito, facilitando o fim do conflito e a retirada das tropas em campo.

Além das medidas disciplinares que podem ser impostas, o não cumprimento dos regulamentos do DICA também pode levar à responsabilidade criminal. O acusado pode ser processado por crimes em tribunais federais ou militares, ou em tribunais criminais internacionais, dependendo da gravidade e extensão dos eventos.

Concluindo, o soldado que deseja compreender e utilizar a Lei do Conflito Armado (DICA) durante sua missão deve seguir três processos básicos:

- Confiança, porque as regras da DICA sustentam toda a doutrina militar e são consideradas em todos os níveis da hierarquia. O desenvolvimento equilibrado dessas regras e sua implementação são objetivos importantes para os países que respeitam seus compromissos internacionais. Além disso, o comportamento de alto nível dos militares pode servir de exemplo para que outros combatentes aprendam e apliquem as mesmas regras e exemplos;

- Realidade, porque o respeito ao Direito dos Conflitos Armados e aos Direitos Humanos está na vontade das Forças Armadas organizadas e disciplinadas. Embora algumas regras possam parecer complexas ou contraditórias, sua implementação reside no respeito aos valores que são importantes para os Estados democráticos e que eles estão tentando proteger. Essa implementação é baseada na honestidade e boa fé que orientam os militares no cumprimento de sua missão;

- Perseverança, porque o Direito dos Conflitos Armados não é apenas um conhecimento teórico, mas deve se tornar um estado de espírito que incentive as instituições militares e cada um de seus integrantes, em todos os momentos. Um compromisso permanente no nível estratégico significa que, em todos os níveis subordinados, o soldado se dá conta de que, conhecendo e respeitando as regras do conflito armado, está cumprindo sua missão.

5. TERRORISMO, NOVAS E VELHAS FORMAS

A palavra terror vem da palavra latina *terrere*, que significa assustar. A palavra e seus termos relacionados foram usados em contextos muito diferentes: em nome de um tirano (por exemplo, Ivan, o Terrível, o primeiro czar russo), períodos caracterizados por violenta instabilidade política (por exemplo, o Reino do Terror durante a Revolução Francesa), e atos esporádicos de violência conhecidos internacionalmente como terrorismo internacional. A violência não é o problema principal, pois a violência também foi cometida durante a Primeira Guerra Mundial e a Segunda Guerra Mundial, e atos de terrorismo não foram considerados em nosso tempo. A violência não é o objetivo, mas o instrumento pelo qual uma pessoa pode espalhar o medo (aterrorizar) a população de um país.

A disseminação do medo pode ser motivada por um propósito criminoso ou político. De uma forma ou de outra, toda uma população pode ser assustada sem o uso do terrorismo. Por exemplo, quando a causa é uma doença, como a gripe aviária chinesa ou o COVID-19, que ameaçou o mundo inteiro, ou a doença da vaca louca, que assustou até vegetarianos, e também o mortal vírus do Ebola, que causou um epidemia na África Central durante a década de 1990 e início do século XXI. Algumas pessoas acreditam que essas doenças não eram totalmente naturais, mas eram generalizadas, caracterizando um caso de bioterrorismo.

Se uma pessoa presume que a intenção de cada terrorista é espalhar amplamente o medo entre a população, há uma motivação comum nos crimes que ela comete. Uma vez que existe um elemento comum no terrorismo, pode-se lidar com ele usando estratégias e táticas defensivas semelhantes. Qualquer ação que possa ser tomada para reduzir o medo e a ansiedade em uma população é uma ferramenta eficaz contra o terrorismo.

5.1. DEFINIÇÕES DE TERRORISMO

Brian Jenkins define terrorismo como o uso ou ameaça de uso da força com o propósito de mudança política. Da mesma forma, o FBI define terrorismo como o uso ilegal de força ou violência contra pessoas ou propriedades para intimidar ou coagir um governo, a população civil ou parte dele, para fins sociais e políticos (*apud* CIETTO, 2020).

A Convenção Internacional para a Supressão do Financiamento do Terrorismo (aprovada pela Resolução 54/109 da Assembleia Geral da ONU, de 9 de dezembro de 1999) define terrorismo como "atos criminosos, inclusive contra civis, cometidos com a intenção de causar a morte ou graves danos corporais ou feitos reféns, a fim de provocar um estado de terror no público em geral, um grupo de pessoas ou alguns indivíduos em particular, para intimidar a população ou forçar um governo ou uma organização internacional a fazer ou não fazer algo". Encontramos uma definição semelhante na Resolução nº 1566 (2004) do Conselho de Segurança, adotada em 8 de outubro de 2004.

No combate convencional, ou no combate de guerrilha / assimétrico, é possível distinguir entre combatentes e não combatentes. Pode-se argumentar que as pessoas que não participam do combate também morrem em conflito. Nesse caso, não são o alvo principal da ação militar, mas um efeito colateral do ataque, denominado dano colateral. No combate convencional ou de guerrilha, o objetivo é destruir as forças inimigas. Os conflitos armados podem ser de alta ou baixa intensidade (ou seja, se ocupam território estrangeiro ou não), como muitos conflitos ao redor do mundo, por independência (ex-repúblicas soviéticas e ex-colônias europeias), minorias étnicas (na África e Oceania) e tráfico de drogas (América latina). Os conflitos armados podem ser simétricos (entre estados) e assimétricos (entre um estado e grupos ou facções rebeldes).

No entanto, atacar não combatentes está no cerne do terrorismo internacional. Devido ao sigilo com que se desenvolve esta atividade, o ato terrorista é perpetrado por um pequeno grupo de agentes, que recebe apoio logístico e financeiro de organizações fundamentalistas e governos solidários. Certos grupos podem ser suspeitos de apoiar alvos terroristas, embora eles próprios não estejam causando o terror. Deve ser feita uma distinção entre grupos que são realmente a ameaça e outros que são explorados ou usados como cobertura para outros grupos.

O Departamento de Estado dos Estados Unidos descreve o terrorismo como um fenômeno em constante mudança, e a natureza da ameaça terrorista mudou dramaticamente. Atribua essa mudança a cinco fatores (*apud* CIETTO, 2020):

1. O colapso da União Soviética (e o fim do Pacto de Varsóvia);

2. Mudança na motivação do terrorista;

3. Proliferação de tecnologias de destruição em massa;

4. Maior acesso à informação e tecnologia da informação;

5. Centralização acelerada de componentes essenciais da infraestrutura nacional que aumentaram a vulnerabilidade a um ataque terrorista.

5.2. INTENÇÃO DO TERRORISMO

O terrorismo é uma dramatização por razões políticas (a intenção específica do ataque terrorista, ou *dolus specialis*, é explicada no próximo capítulo), e existem alguns elementos universais nas atividades terroristas modernas (*Idem, ibidem*):

1. O USO DE VIOLÊNCIA PARA PERSUADIR, em que explosivos e outros ataques são usados para ganhar posições com as vítimas visadas. O termo vítimas-alvo é usado porque o alvo não está nas pessoas que foram mortas ou feridas. Ao contrário, o ataque pode ser realizado para influenciar um governo, uma coalizão ou um grupo de governos, para tomar uma decisão ou uma determinada ação, ou também para prevenir ou suprimir uma determinada ação;

2. ALVOS E VÍTIMAS ESCOLHIDOS PARA A PROPAGANDA MÁXIMA ATINGIDA, para que escolham alvos que atraiam a mais completa atenção da mídia. Este fato é particularmente demonstrado por ataques terroristas como a explosão no World Trade Center na cidade de Nova York em 1993 e 2001, e a tomada de reféns com atletas israelenses durante os Jogos Olímpicos de Munique em 1972. Outros exemplos são os ataques em Madri em março de 2004, Londres em julho de 2005 e São Paulo em maio de 2006;

3. OS ATAQUES NÃO SÃO CAUSADOS, ou seja, as vítimas ou alvos não fizeram nada contra os terroristas, o que é verdade para qualquer ato terrorista, já que seus supostos motivos costumam ser uma história complexa que os próprios terroristas contam para encontrar apoio para suas ações entre seu grupo;

4. PROPAGANDA MÁXIMA COM RISCO MÍNIMO é o princípio orientador de muitas ações terroristas, especialmente aquelas envolvendo explosivos. Ataques explosivos geralmente criam uma grande publicidade, dependendo da localização e do período, então os alvos são selecionados pelo que representam, como embaixadas, atrações turísticas mundialmente conhecidas e instalações semelhantes. Temporizadores de alta tecnologia permitem que a detonação de longo prazo seja planejada, reduzindo o risco para o(s) terrorista(s), que podem desaparecer quando o dispositivo explodir ou for encontrado. Outras atividades terroristas favoritas são sequestros, roubos e assassinatos, que podem gerar grande e prolongada publicidade, mas também um risco maior para o agente. Há uma tendência para mudanças cíclicas nos ataques terroristas. Após uma série de sequestros, a população pode ficar insensível aos atos, e a próxima tomada de reféns pode não receber a mesma atenção da mídia, do noticiário da televisão ou da Internet. Ataques explosivos, que são menos frequentes durante o mesmo período, também podem ganhar mais publicidade do que outros sequestros. Portanto, uma mudança de tática pode trazer mais propaganda do que outras formas de ataque. Os terroristas sempre querem cobertura da mídia, então eles mudarão de abordagem para obter o máximo de publicidade possível.

5. USO DA SURPRESA PARA EVITAR MEDIDAS CONTRA TERRORISTAS para atacar alvos altamente protegidos. Mesmo quando há guardas, dispositivos de detecção e grande segurança por perto, o fator surpresa pode ser usado para contornar o equipamento e elemento humano no sistema de segurança. O tempo é o melhor amigo do terrorista. Depois de um longo tempo sem eventos terroristas,

alvos bem protegidos podem sofrer uma redução em suas medidas de segurança. Quando não há planos para um ataque suicida, o terrorista permanece no banco dos réus até que a segurança do alvo seja mais favorável.

6. AMEAÇAS, PROVOCAÇÕES E VIOLÊNCIA são ferramentas usadas por terroristas para manter uma atmosfera de medo. Os terroristas podem plantar pequenos explosivos ou dispositivos incendiários em locais públicos, como lojas de departamentos e cinemas. Recentemente, terroristas que lutaram contra o governo egípcio atacaram turistas nas pirâmides e outros locais históricos. Para a população, não há conexão ou semelhança razoável entre a motivação e o local dos ataques, portanto, qualquer ameaça dessa atividade pode gerar medo na população.

7. INDIFERENÇA SOBRE MULHERES E CRIANÇAS COMO VÍTIMAS, pois às vezes os locais são escolhidos especialmente para fazer vítimas inocentes, com o objetivo de aumentar a indignação e o medo da agressividade do ato terrorista. Esta é outra forma de receber mais publicidade e cobertura da mídia devido ao sofrimento e morte de não combatentes. Essa peculiaridade diferencia o terrorista do soldado ou do guerrilheiro. O soldado luta sob a autoridade de seu governo. O guerrilheiro luta no mesmo combate que o soldado em táticas e códigos de conduta, portanto mulheres e crianças não são alvos desejados. Um terrorista provavelmente pode ter como alvo mulheres e crianças, para incitar um sentimento maior de medo. Portanto, a limpeza étnica exibida na Bósnia e em Kosovo em várias classes da população na ex-Iugoslávia não foi apenas uma operação militar, mas o terrorismo praticado pela milícia (a natureza jurídica do ato terrorista é explicada em detalhes no próximo capítulo).

8. A PUBLICIDADE É USADA PARA MAXIMIZAR O EFEITO DA VIOLÊNCIA, principalmente por razões econômicas e políticas. Seria um desperdício para a causa terrorista se a operação terrorista não tivesse publicação. Nesse sentido, o Setembro Negro,

durante os Jogos Olímpicos de Munique, em 1972, e todos os grupos que imitaram essa tomada de reféns, proclamando-se responsáveis por atentados em circunstâncias semelhantes, querem publicidade mundial para fins políticos e econômicos. Do ponto de vista político, o grupo terrorista quer mostrar que é uma organização de longo prazo, uma força a ser respeitada e uma força a ser temida. No campo econômico, o grupo mostra aos governos favoráveis à sua causa e aos governos que apóiam grupos terroristas que é bom para receber apoio financeiro. Mesmo quando os terroristas não assumem a responsabilidade pública por suas ações, muitos atos têm uma forma ou formato particular que os caracteriza, ou deixa pistas importantes.

9. LEALDADE A SI MESMOS E APOIADORES é uma característica dos grupos terroristas que podem ser encontrados entre armênios, croatas, curdos, bascos e muitos outros. Entre eles, a lealdade é tão intensa que cometem atos criminosos impensáveis por causa dessa lealdade, algo que os elementos radicais de um movimento pacífico jamais fariam. Porém, em sua maioria, as novas gerações de terroristas não têm mais a mesma grande lealdade à causa original, o orgulho de defendê-la e a visão limitada do objetivo principal. Muitos se envolvem no terrorismo com fins lucrativos e a perpetuação de suas atividades criminosas como objetivo principal. Em conclusão, tornam-se niilistas e estão principalmente interessados no retorno financeiro da atividade.

O terrorismo durante as décadas de 1960 e 1970 foi praticado, em sua maioria, por universitários e ativistas políticos com muitos anos de estudo formal. Hoje, crianças-soldado se envolvem em muitos conflitos de baixa intensidade, muitos dos quais ainda não atingiram a puberdade e se tornaram insensíveis à violência e às emoções humanas.

6. QUE TIPO DE CRIME É O TERRORISMO?

A partir da breve exposição do conceito de terrorismo no capítulo anterior, é possível definir em termos jurídicos que tipo de crime é essa conduta ilegal, e os tribunais competentes para processar terroristas. Um mecanismo claro e seguro de repressão ao crime é essencial para prevenir um ato ilegal e, desse ponto de vista, o terror não é diferente de outros crimes.

Em suma, terrorismo é o uso ilegal, ou a ameaça ilegal de uso, de força ou violência contra pessoas ou bens, com a intenção de coagir ou intimidar governos ou sociedades para alcançar objetivos políticos, religiosos ou ideológicos.

O Direito Internacional Humanitário proíbe o terrorismo e ele nunca pode ser usado como método de combate. O artigo 51, § 2, do Protocolo Adicional I às Convenções de Genebra estabelece que, em qualquer circunstância, é proibido cometer ou ameaçar cometer violência cujo objetivo principal seja espalhar o terror entre a população civil.

Embora a Lei de Conflitos Armados não especifique sua definição, um ato terrorista, que é estritamente proibido, é diferente de ações realizadas por Forças Armadas regulares ou grupos guerrilheiros que trabalham sob uma organização hierárquica, ostensivamente portando armas durante atividades operacionais e utilizando um meio de se distinguir da população civil.

No Brasil, como em muitos países do mundo, o terror está previsto na Constituição Federal de 1988, sua prática é repudiada (Art. 4º, VIII), é considerada inafiançável e não é permitida anistia ou graça (Art. 5º, XLIII). No entanto, em muitos países não existe uma definição legal do terrorismo como crime, nem há uma descrição da conduta criminosa e punição para o crime entendido como terrorismo. Essa ausência se explica por dois motivos.

A primeira razão é que um ato de terrorismo também está previsto em outras definições criminais, como homicídio, sequestro e explosão. Mas o *animus* (*dolus* ou intenção criminosa) do agente terrorista é muito diferente do criminoso comum, quando ofende a integridade física, liberdade e segurança do indivíduo. O fim do terrorista é outro, e isso leva ao segundo motivo.

A intenção do terrorista é ofender a Nação ou Estado, sua integridade política ou territorial como Nação Soberana. Portanto, o terrorismo é cometido contra uma pessoa jurídica de direito internacional público, e a conduta deve ser considerada crime de direito internacional, pois atenta contra o patrimônio jurídico protegido por este ramo do direito.

O principal problema que o Contrato Social de Rousseau procura resolver é "encontrar uma forma de associação que defenda e proteja com todas as suas forças comuns as pessoas e os bens de cada membro, e na qual cada um, unido a todos, só possa obedecer a si mesmo, e permanecer tão livre quanto antes" (ROUSSEAU, 2010).

O terror tira do cidadão a defesa e a proteção garantidas pelo Contrato Social. Portanto, além dos crimes contra a humanidade, crimes de guerra, genocídio, agressão, pirataria e escravidão, o terrorismo deve ser punido por um juiz ou tribunal que use a jurisdição universal, ao invés do critério territorial, material ou outra jurisdição, porque é um crime contra a soberania de uma nação, e deve ser punida em todo o mundo, mesmo que seja cometida em países que não tenham leis específicas contra ela, ou em locais onde não haja soberania estadual para criar leis nacionais, como no domínio marítimo e espaço aéreo internacional (uma explicação mais detalhada da jurisdição internacional é fornecida no próximo capítulo).

Os exemplos a seguir corroboram que o terrorismo é um crime de acordo com o direito internacional.

Um conflito em que um guerrilheiro, uma facção rebelde ou qualquer tipo de grupo organizado, se camufle dentro da população e não reivindique o território ou parte do território da nação, é um conflito não internacional, assimétrico e de baixa intensidade. quando atinge um nível de operação superior ao da mera insurgência. Esta explicação corresponde à breve definição de terrorismo exposta anteriormente.

Uma "guerra ao terror" é mais retórica do que prática, como a "guerra à fome", a "guerra às drogas" ou a "guerra ao crime", porque para haver uma guerra deve haver pelo menos duas partes beligerantes ou conflito. Além disso, a declaração de guerra deixou de ser um instrumento jurídico nas relações internacionais (artigo 2º, § 4º, da Carta das Nações Unidas).

No entanto, um governo pode usar seu direito de defesa legítima, preventiva ou real, estipulado no Artigo 51 da Carta da ONU, contra ameaças à sua integridade territorial ou soberania, quando cometidas por facções rebeldes (Hezbollah no Líbano, Hamas em relação a Israel), guerrilheiros (Sendero Luminoso no Peru) e organizações ou grupos criminosos (Fuerzas Armadas Revolucionárias de Colombia e Al Qaeda).

Essas entidades cometem crimes contra a integridade de pessoas jurídicas de acordo com o direito internacional público (Estados) ou sua população (um elemento essencial para uma nação), para que possam ser julgadas por tribunais criminais internacionais. Em conclusão, atos terroristas contra Estados ou Nações são considerados crimes de direito internacional.

O Estatuto de Roma (que criou o Tribunal Penal Internacional, assinado em 17 de julho de 1998) define Crimes contra a Humanidade (artigo 7 do Estatuto de Roma) qualquer um dos seguintes atos, quando realizados por meio de um ataque, generalizado ou sistemático, contra qualquer população civil, com a intenção específica (*dolus specialis*) de cometê-los (algumas definições não estão diretamente relacionadas ao terrorismo e foram omitidas):

(a) assassinato;

(b) extermínio;

(d) deportação ou transferência forçada de população;

(h) perseguição contra qualquer grupo identificável;

(i) desaparecimento forçado de pessoas;

(k) outros atos desumanos de caráter semelhante, causando grande sofrimento ou lesões graves ao corpo ou à saúde física ou mental.

Crimes contra a humanidade, conforme definidos no Estatuto de Roma, são uma definição ampla que abrange muitos crimes de direito internacional, exceto aqueles que não são especificamente listados ou mencionados. Genocídio, por exemplo, seria considerado um crime contra a humanidade, mas tem uma definição criminal específica, para distingui-lo do termo geral "Crimes contra a humanidade".

Além disso, atos de terrorismo generalizados e sistemáticos são crimes incluídos na definição ampla de "Crimes contra a Humanidade", de acordo com a definição fornecida acima. No entanto, o terrorismo poderia ser mais fortemente evitado se o ato criminoso de "terrorismo" fosse definido como um crime de acordo com o direito internacional.

As definições de terrorismo são encontradas nas leis nacionais e internacionais de muitos países, mas todos os Estados devem definir o terrorismo em suas leis nacionais para cumprir seus termos. No entanto, se o terrorismo é considerado crime pelo direito internacional, apenas uma definição é necessária, com base nos padrões internacionais, e seria aplicável a toda a comunidade internacional.

Mesmo sem uma definição específica no Estatuto de Roma, qualquer dos atos descritos no Art. 7 do Estatuto de Roma pode ser considerado terrorismo (O Código de Crimes contra a Paz e a Segurança da Humanidade, Art. 20, f, (iv), refere-se a atos de terrorismo em violação do DIH em conflitos armados não internacionais como crimes internacionais. De acordo com Brownlie, os artigos tornaram-se redundantes após o Estatuto do Tribunal Penal Internacional. BROWNLIE, Ian. Principles, p. 561), especialmente o grande sofrer ou lesões graves do corpo ou da saúde física e mental descritas no ponto (k), quando forem cometidos por um grupo organizado, guerrilha ou facção rebelde.

Os guerrilheiros não são organizações terroristas, mas quando usam o terror como método para combater um Estado ou uma nação, também estão cometendo um crime de direito internacional.

Guerrilhas são operações de combate realizadas em território ocupado pelo inimigo, principalmente por forças militares ou paramilitares no país ocupado.

Os guerrilheiros têm permissão para lutar (são combatentes legais) e recebem o *status* de prisioneiros de guerra quando capturados. São combatentes da resistência, milícias e organizações voluntárias que não fazem parte das Forças Armadas regulares de um país, operam dentro ou fora de seu território, mesmo que esse território esteja ocupado, mas devem atender a quatro requisitos:

- Ter um comandante responsável por seus subordinados (cadeia de comando);

- Ter um sinal distintivo reconhecível à distância (uniformes, insígnias);

- Tenha as armas ostensivamente;

- Respeitar, em suas operações, as leis e costumes de guerra.

(Artigo 4 da Terceira Convenção de Genebra sobre o tratamento de prisioneiros de guerra).

Quando o guerrilheiro usa métodos ou meios de combate ilegais, incluindo o terrorismo, ele se torna um criminoso de guerra, perde a proteção garantida aos combatentes e, quando capturado, não pode ser considerado prisioneiro de guerra e deve ser processado por um tribunal internacional ou nacional usando jurisdição universal.

Por outro lado, o terrorista não cumpre todos os requisitos acima. Ele não pode ser considerado prisioneiro de guerra, mas isso não significa que não seja um combatente, pelo fato óbvio de que ainda existe um conflito armado e de que ele está envolvido nele. Portanto, é um combatente ilegal, com o mesmo estatuto jurídico de um espião, utilizando meios e métodos ilícitos de combate.

Qualquer combatente, reconhecido como tal pelo Direito Internacional Humanitário, pode ou não ser considerado prisioneiro de guerra, dependendo de sua conduta no terreno quando pegar em armas contra um governo, um Estado ou uma nação. O terrorista não é diferente de nenhum combatente no início do conflito, mas no momento em que ataca civis com o objetivo de vencer a luta por medo da população, ele deixa de lutar legalmente e perde a proteção da Lei. Humanitária Internacional.

Em conclusão, o terrorista é um criminoso de guerra e deve ser processado como tal (ao considerar o terrorismo como um crime sob o direito internacional, cria-se uma obrigação *erga omnes* para todos os Estados de prevenir e suprimir atividades terroristas e processar seu Estado. Não se pode alegar que o terrorismo não é um crime ao abrigo da sua legislação nacional, nem conceder asilo / imunidade aos terroristas).

Outro exemplo é o terrorista que usa um civil refém com o *dolus specialis* para negociar com o Governo, e também como escudo humano durante uma situação; ele está usando um método ilegal para lutar contra um governo para fins políticos. Isso é terrorismo quando atinge grande extensão e gravidade, ou seja, uma ameaça à existência do Estado.

Em todos estes casos, ele pode ser julgado por um tribunal nacional? A questão pode ser colocada de outra forma: o juiz nacional é capaz e imparcial o suficiente para lidar com tal crime, quando sua pátria, a população que inclui ele e sua família e amigos, o estado para o qual ele trabalha, foi ameaçada?

Uma nação economicamente poderosa e democraticamente forte pode não se sentir ameaçada pela explosão de um prédio ou pelo sequestro de um alto funcionário do governo. Mas estados instáveis são muito mais fáceis de demolir e seu povo é mais vulnerável ao terrorismo.

7. PAPEL DAS CORTES DE JUSTIÇA LOCAIS E INTERNACIONAIS

Uma vez definido que o terrorismo pode ser considerado um crime no direito internacional para a devida repressão judicial, há cinco opções disponíveis para o sistema judicial processar o crime de terrorismo:

- Iniciar um processo judicial num tribunal nacional, composto apenas por juízes nacionais;

- Estabelecer um Juizado Especial Criminal para analisar este crime específico;

- Estabelecer um tribunal penal internacional, com o mesmo fim;

- Remeter o caso ao Tribunal Penal Internacional de Haia;

- Criar um tribunal híbrido, com juízes nacionais e internacionais, para o caso.

De tudo o que foi exposto nos capítulos anteriores, concluímos que um tribunal nacional (um tribunal criminal do Estado ou nação afetado) pode não julgar o terrorista de forma adequada, por várias razões: o protesto público para punir severamente o terrorista pode prejudicar a imparcialidade do juiz nacional (sua imparcialidade estaria garantida se o ato não envolvesse você ou sua família e amigos próximos, por exemplo. Mas isso é altamente improvável, porque o ato terrorista visa a população civil como um todo.). O próprio juiz pode perder sua imparcialidade pelo ódio que o ato terrorista pode ter causado a ele, uma vez que o terrorista atacou ou tentou destruir as instituições políticas de seu país natal.

Da mesma forma, os tribunais criminais especiais (ou tribunais militares especiais) geralmente carecem de independência e imparcialidade suficientes, o que pode levar a violações do direito a um julgamento justo e / ou acesso limitado a advogados, testemunhas ou outros meios para provar a inocência.

Exemplo: Tribunal Especial para Serra Leoa, criado em 2006 para processar e processar Charles Taylor, em 11 acusações de crimes de guerra e crimes contra a humanidade. A sua presença na Libéria ameaçou o frágil processo de paz e ele foi transferido para Haia para julgamento (RAM, Sunil. The History of UN Peacekeeping Operations From Retrenchment to Resurgence, pág. 168).

Alcançar justiça fora do Estado de direito é vingança e não impede o terrorismo. Pelo contrário, aumenta o ódio dos outros contra o governo vingativo, criando um ciclo vicioso de violência entre o governo e a oposição armada, em que a população sofre uma força centrífuga no centro.

Um crime de direito internacional requer o processo e julgamento de um tribunal usando a Jurisdição Universal, que é garantida por qualquer tribunal federal (competência jurisdicional para analisar violações graves de direitos humanos é comumente concedida aos tribunais federais porque, nesses casos, o Estado pode ter violou uma obrigação sob o direito internacional (por exemplo, a Convenção Internacional sobre Direitos Civis e Políticos, Assembleia Geral Res. 16 de dezembro de 1996)) de um governo. No entanto, para garantir o devido processo legal ao processar crimes que causaram um senso comum e generalizado de repulsa e indignação, devemos aprender com as experiências e lições do passado.

7.1. TRIBUNAIS CRIMINAIS INTERNACIONAIS

O Tribunal Penal Internacional para a ex-Iugoslávia (TPIY) foi criado pela Resolução do Conselho de Segurança nº 827 de 25 de maio de 1993, com base no Capítulo VII da Carta das Nações Unidas. Era competente para processar pessoas responsáveis por graves violações do Direito Internacional Humanitário cometidas no território da ex-Iugoslávia desde 1991, de acordo com as disposições de seu Estatuto (artigo 1 do Estatuto do Tribunal Penal Internacional para a ex-Iugoslávia).

A jurisdição do TPIY foi limitada a violações graves das Convenções de Genebra. Em outras palavras, violações da lei e dos costumes de guerra, crimes de genocídio e crimes contra a humanidade cometidos no território da ex-Iugoslávia desde 1º de janeiro de 1991.

Apesar de sua jurisdição ser paralela com os tribunais nacionais de cada estado parte, o TPIY tinha jurisdição primária e poderia solicitar que os tribunais nacionais renunciassem à sua jurisdição. De acordo com o princípio *non bis in idem* (a pessoa não pode ser condenada mais do que uma vez pelo mesmo crime), os processos já tramitados e julgados por um tribunal nacional não podem ser reanalisados pelo TPIY. No entanto, a título de derrogação, para que ninguém possa escapar à responsabilidade penal, o autor do crime pode ser levado de volta ao TPIY se o *factum delicti* não tiver sido descrito como um crime ao abrigo da legislação nacional, se a decisão não for imparcial ou independente, ou se o caso não fosse conduzido corretamente.

O TPIY pode condenar à prisão, da mesma forma que outros tribunais nacionais na ex-Iugoslávia, mas não pode condenar à morte. Também foi capaz de determinar a restituição de propriedades obtidas por meios ilegais para seus legítimos proprietários. Os juízes foram eleitos pela Assembleia Geral da ONU, seguindo as propostas dos Estados de que eram nacionais.

O Tribunal Criminal Internacional para Ruanda (TPIR) foi criado em 8 de novembro de 1994 pelo SC Res 955 usando o Capítulo VII da Carta, o TPIR era competente para processar pessoas responsáveis por atos de genocídio, crimes contra a humanidade, violações do Artigo 3 comum às Convenções de Genebra e seu Protocolo Adicional II, ou outras violações graves do direito internacional humanitário, cometidas no território de Ruanda e no território de países vizinhos, entre 1º de janeiro e 31 de dezembro de 1994, de acordo com as disposições de seu Estatuto (Estatuto do Tribunal Penal Internacional para Ruanda, art. 1).

O TPIR, semelhante ao TPIY, tinha a mesma jurisdição que os tribunais criminais nacionais, tinha jurisdição primária e tinha o poder de levar os casos à jurisdição dos tribunais nacionais. Tal como no TPIY, o Princípio do *non bis in idem* não se aplicava nos mesmos casos (julgado como crime comum, julgamento injusto ou não independente). Ele foi capaz de condenar pelos mesmos crimes que os juízes nacionais (exceto a pena de morte) e determinar a restituição da propriedade aos seus proprietários.

7.2. O TRIBUNAL PENAL INTERNACIONAL (TPI)

Após os eventos ocorridos na ex-Iugoslávia e em Ruanda, a comunidade internacional percebeu que era necessário aumentar a repressão ao crime internacional por meio de instrumentos criminais internacionais. Assim, foram criados dois tribunais internacionais *ad hoc* (para o caso) para a ex-Iugoslávia (TPIY) e Ruanda (TPIR) e, recentemente, o Tribunal Penal Internacional (criado pelo Estatuto de Roma em 17 de julho de 1998. Muitas delegações recomendaram o Projeto de Estatuto do TPI para a Assembleia Geral em 1994, porque seria mais apropriado do que os tribunais regionais *ad hoc* criados pelo Conselho de Segurança. BROWNLIE, Ian. Principles, p. 571). Embora o TPIY e o TPIR tenham sido ativados logo após sua criação, o TPI iniciou suas atividades no primeiro dia do mês seguinte ao depósito da sexagésima ratificação de seu tratado fundador (Estatuto de Roma). Em outras palavras, está ativo desde 1º de julho de 2002.

O artigo 1.º do Estatuto de Roma estabelece que é criado um Tribunal Penal Internacional, uma instituição permanente, que pode exercer a sua jurisdição sobre os indivíduos, em relação aos crimes de grande preocupação na jurisdição internacional. Sua jurisdição é complementar ao papel dos juízes criminais nacionais.

A jurisdição do tribunal é limitada aos crimes mais graves que afetam a comunidade internacional como um todo. De acordo com o seu Estatuto (Art. 1, § 5 do Estatuto de Roma), o Tribunal tem jurisdição sobre os seguintes crimes:

- Genocídio (destruir, no todo ou em parte, um grupo nacional, étnico, racial ou religioso, por meio da morte de membros do grupo, ou causar lesões corporais ou mentais graves, ou infligir condições de vida calculadas para causar sua destruição total ou física em parte, ou imposição de medidas para prevenir nascimentos dentro do grupo, ou transferência forçada de crianças de um grupo para outro);

- Crimes contra a humanidade (ataques abrangentes ou sistemáticos contra qualquer população civil, como assassinato, extermínio, escravidão, deportação ou transferência forçada da população, prisão ou outra privação grave de liberdade física em violação das normas fundamentais do direito internacional, tortura, estupro, escravidão sexual, prostituição forçada, gravidez forçada, esterilização forçada ou qualquer outra forma de violência sexual comparável, assédio contra qualquer grupo ou coletividade identificável em termos políticos, raciais, nacionais, étnicos, culturais, religiosos, de gênero ou outros termos universalmente reconhecidos como não permitidos pelo direito internacional, em relação a qualquer ato considerado crime contra a humanidade ou qualquer crime da jurisdição do TPI);

- Crimes de guerra (violações graves das Convenções de Genebra de 12 de agosto de 1949, contra pessoas ou bens protegidos pelas disposições pertinentes das Convenções de Genebra, como morte intencional, tortura ou tratamento desumano, incluindo experimentos biológicos, que intencionalmente causem grande sofrimento, ou lesões graves ao corpo ou à saúde, extensa destruição e apropriação de propriedade, não justificada por necessidade militar e realizada de forma ilegal e não provocada, para coagir um prisioneiro de guerra ou outra pessoa protegida a servir intencionalmente nas forças do poder hostil, privar um prisioneiro de guerra ou outra pessoa protegida dos direitos a um julgamento justo e regular, deportação forçada, transferência ou confinamento, tomada de reféns);

- Crime de agressão (planejamento, preparação, iniciação ou financiamento de guerra de agressão, ou guerra em violação de tratados, acordos ou garantias internacionais, ou participação em plano comum ou conspiração para cumprir os anteriores).

O Estatuto do Tribunal foi aprovado em Roma em 17 de junho de 1998. Ao contrário do Tribunal Internacional de Justiça (CIJ), que examina disputas entre Estados, o Tribunal Penal Internacional é competente para processar pessoas acusadas de crimes particularmente graves: genocídio, crimes contra humanidade, crimes de guerra e crimes de agressão. O TPI exerce sua jurisdição somente quando o Estado de nacionalidade do acusado, ou o território do Estado em que o crime ocorreu, for parte da Convenção, ou quando o consentimento for expressamente dado. O Tribunal é complementar aos tribunais nacionais. O Tribunal intervirá apenas quando os tribunais nacionais não puderem ou se recusarem a levar os responsáveis a julgamento (*aut dedere aut judicare*).

O TPI pode iniciar o processo quando for provocado pelos Estados Partes, Conselho de Segurança ou ex officio, com prévia autorização da Câmara Preliminar. Ao contrário de outros tribunais internacionais e criminais (limitados no tempo e no território), o TPI pode exercer sua competência e jurisdição no território de qualquer Estado parte e, por meio de um acordo especial, no território de qualquer Estado.

Os juízes do TPI são eleitos pela Assembleia Geral da ONU, a partir de uma lista elaborada pelo Conselho de Segurança, após serem nomeados pelo Estado de que são nacionais.

O artigo 89 do Estatuto de Roma cria um instituto importante: o *Surrender* (Entrega). O TPI pode enviar um pedido de prisão e entrega de um indivíduo, acompanhado dos documentos mencionados no Artigo 91, a qualquer país em cujo território essa pessoa possa estar, e exigir a cooperação desse Estado na prisão e entrega desse indivíduo. Os Estados Partes responderão aos pedidos de prisão e entrega de acordo com o Capítulo Nove (Cooperação Internacional e Assistência Jurídica) e procederão de acordo com as regulamentações nacionais.

Este instrumento legal foi criado para evitar problemas de extradição, e apenas o TPI pode usar o pedido de entrega para crimes dentro de sua jurisdição. O Estado parte pode rejeitar tal pedido somente quando o acusado já estiver sendo processado pelo mesmo crime, ou já tiver sido julgado (condenado ou absolvido) no mesmo caso.

7.3. JURISDIÇÃO CRIMINAL INTERNACIONALIZADA

A terceira geração de jurisdição criminal internacional, os tribunais criminais internacionalizados ou tribunais criminais híbridos são outra opção para o julgamento de crimes sob o direito internacional. É também chamada de Justiça Internacional Criminal de Proximidade.

Este ramo da Justiça Criminal congrega os mecanismos jurisdicionais em que os juízes nacionais trabalham lado a lado com os juízes internacionais, aplicando a legislação do país onde foram cometidos os atos ilícitos, permitindo a participação do Estado e da sua população no processo de condenação ou absolver o acusado de crimes internacionais.

A maior vantagem dessa metodologia é estar perto da comunidade que presenciou os crimes cometidos. No entanto, são juízes *ad hoc*, de jurisdição universal, nomeados para garantir a fluidez do procedimento, principalmente nos crimes em que haja alta pressão interna que pode influenciar a imparcialidade do juiz nacional.

Outra vantagem importante é a oitiva fácil e rápida das testemunhas e a produção de provas por ambas as partes, uma vez que estão próximas dos juízes, e o Tribunal pode utilizar o sistema judiciário nacional para efetuar detenções, notificações e intimações. Além disso, um julgamento correto, imparcial e justo visto por toda a população pode ter um efeito dissuasório sobre outros terroristas em potencial.

O julgamento dos tribunais penais internacionalizados baseia-se na jurisdição interna do Estado, em relação à matéria, à pessoa ou ao lugar (*ratione materiae, personae* ou *loci*), mas também se baseia na jurisdição universal. Portanto, não há ofensa à soberania do Estado, evitando o problema principal de aplicar isoladamente a jurisdição universal.

Exemplo: Tribunais no Camboja, para o caso Khmers Rouges, com três juízes nacionais e dois juízes internacionais, e o Tribunal de Apelações com quatro juízes nacionais e três juízes internacionais.

Exemplo: Tribunal no Líbano, para o julgamento pelo assassinato do Primeiro Ministro Rafic Hariri, com dois juízes internacionais e um libanês, e o Tribunal de Apelações com três juízes internacionais e dois libaneses.

7.4. ASPECTOS DA JUSTIÇA TRANSICIONAL

A justiça de transição pode ser entendida como um ramo da justiça que regula as exceções que escapam ao governo da justiça comum. Não é justiça punitiva, uma vez que o objetivo principal não é o julgamento e a condenação de criminosos. O objetivo estratégico é restabelecer os laços sociais e humanos com as vítimas, reconciliando a população, comumente após um conflito armado não internacional ou um ato terrorista que dividiu a população entre indignados e simpatizantes.

A justiça transicional assenta em quatro pilares que fornecem inúmeros mecanismos para que uma sociedade viciada no ódio e na violência passe por um processo de pacificação e normalização. Em termos práticos, o objetivo da justiça de transição é abordar o pesado legado de abusos e violações de direitos, de uma forma abrangente e holística, abrangendo o direito à verdade, o direito à justiça, o direito à reparação e garantias de não repetição, por meio de reformas institucionais (LA JUSTICE TRANSITIONELLE, 2016).

Como reaprender a viver em harmonia, apesar das cicatrizes do passado, do sofrimento individual e das fraturas sociais, herdadas de um conflito armado ou de um regime totalitário violento? A partir dessa questão abrangente, é possível identificar alguns elementos-chave, princípios e escolhas estratégicas que condicionam o processo de tratar o passado, buscando facilitá-lo. A experiência mostra que, apesar das dificuldades, é possível implementar uma estratégia de enfrentamento ao passado que permita, por etapas progressivas e realistas, restaurar um clima de confiança e equilíbrio social que conduza ao retorno seguro da paz. As principais oportunidades são comuns a todos os casos: resgatar a dignidade e a responsabilidade de todos em um projeto social comum, sair de impasses e construir uma nova possibilidade de vida em comunidade.

Muitos conflitos armados e regimes excepcionais são caracterizados por uma ideologia, uma visão de mundo supostamente melhor que as outras, e sua implementação, mesmo pela força, seria o melhor para a população. Para se ter um conflito armado, é necessário caracterizar um inimigo, alguém com quem lutar, e a ideologia cumpre essa função de caracterizá-lo, de acordo com a cor, raça, origem, religião ou origem étnica. Para gerar uma paz social e duradoura, é preciso lutar contra o inimigo e também contra sua ideologia.

No entanto, uma ideologia não pode ser combatida com uma contra ideologia, uma visão do mundo diametralmente oposta à visão do inimigo. "A busca de uma contraideologia, visando reprimir a ideologia totalitária, é inútil. A ideologia contra-democrática é um mito. A democracia não deve se permitir fechar nos termos definidos pelo pensamento totalitário e construir um reflexo antitético desse pensamento. A ideologia é uma mentira, a ideologia comunista é uma mentira total, estendida a todos os aspectos da realidade. Propor o pensamento livre para se defender, para construir um delírio sistemático, na direção oposta, é propor que você cometa o suicídio para evitar ser morto. Se é verdade que nada é menos eficaz do que uma miragem para destruir outra miragem, também é verdade que a civilização democrática não pode sobreviver a não ser opondo o pensamento à ideologia; às mentiras, conhecimento da realidade; à propaganda, não uma contra-propaganda, mas a verdade (REVEL, J.R. Como terminam as democracias, citado por AUGUSTO, Agnaldo Del Nero, A grande mentira).

Em cada estado organizado, as Forças Armadas são responsáveis pela defesa da nação. Quando a estabilidade ou mesmo a existência da nação é ameaçada por um conflito armado, mesmo que interno ou de baixa intensidade, é inconcebível que os detentores do monopólio do uso da força continuem ociosos. Isso acarreta duas responsabilidades para as Forças Armadas: como a *ultima ratio regis* (ou *ultima ratio legis*) ("A última alternativa do rei" é uma expressão comum na doutrina militar, significa que as Forças Armadas só devem ser empregadas em casos graves, quando as outras opções de gestão de crises são ineficazes ou insuficientes. O mesmo significado pode ser atribuído à expressão "a última alternativa da lei", o uso da força militar como medida extrema de resolução de crises), serão as instituições que poderão reger o processo de transição, especialmente se forem legitimados por sua neutralidade política no conflito. Por outro lado, o eventual desrespeito à dignidade humana, praticado pelos agentes do Estado durante o seu emprego, pode desestabilizar a médio e longo prazo a paz, alcançada pela força das armas. Quando a vitória militar não atinge seu objetivo político, como a paz social, o desenvolvimento econômico e a segurança jurídica, o discurso do partido derrotado mais cedo ou mais tarde se destaca, iniciando o revisionismo / vingança que pode levar ao conflito novamente.

Em todos os tipos de conflito armado, uma das regras mais importantes para a condução das hostilidades é que todas as pessoas que não participam ou não participam mais do conflito devem ser tratadas com humanidade e não devem sofrer atos contra sua vida e integridade física, incluindo mutilação, tortura e outros tratamentos cruéis. Além disso, qualquer pessoa envolvida no combate, independentemente de sua nacionalidade, deve respeitar as regras fundamentais para a condução das hostilidades, sejam elas as forças armadas, milícias, *freedom fighters* ou guerrilheiros.

No entanto, a assimetria de um conflito, principalmente em recursos tecnológicos, pode levar a parte desfavorecida a ignorar as regras do DIH para poder agir, ou seja, utilizar a única alternativa possível para continuar lutando. No entanto, esta opção é ilegal e deve ser considerada um crime de acordo com o direito internacional. Ainda que o adversário cometa atrocidades, não é lícito a nenhum agente do Estado recorrer aos mesmos meios, sob pena de comprometer o objetivo político almejado e também de ser acusado de crimes, nos termos do direito nacional ou internacional.

Por isso, a paz social, tão almejada por indivíduos e povos, pode ser alcançada por diversos meios, sejam diplomáticos ou militares. Porém, para mantê-la, é necessário garantir o respeito aos direitos econômicos, sociais e culturais, além dos direitos civis e políticos, e também garantir a verdade sobre o destino individual dos elementos que participaram de ambos os lados do conflito e a manutenção e consciência da verdade histórica ocorrida com a população naquela ocasião específica.

8. ESFORÇOS DA COMUNIDADE INTERNACIONAL CONTRA O TERRORISMO

Três semanas após os ataques terroristas ao World Trade Center, ao Pentágono e ao sequestro de outro avião que caiu no solo em 11 de setembro de 2001, o Conselho de Segurança da ONU aprovou a Resolução 1373. É um documento incomum porque pela primeira vez um resolução baseada no Capítulo VII foi criada para ser aplicada a todos os Estados Membros da ONU. O seu objetivo são medidas criminais, financeiras e administrativas para acabar com o apoio a pessoas físicas e jurídicas envolvidas com o terrorismo.

A Resolução 1373 (2001), de 28 de setembro de 2001, exige que os Estados evitem o apoio financeiro para atos terroristas por meio de procedimentos jurídicos e financeiros muito rígidos; deixar de fornecer qualquer forma de apoio a entidades relacionadas ao terrorismo; configurar atos terroristas como conduta criminosa grave na legislação nacional, com punições severas; e estabelecer procedimentos para verificar potenciais terroristas antes de conceder-lhes a condição de refugiados quando estiverem envolvidos em planejamento, participação ou prática de atos terroristas.

O Comitê de Combate ao Terrorismo (CCT) foi estabelecido com a Resolução 1373 (2001) para supervisionar a implementação dessas medidas, bem como para aumentar a capacidade dos governos de combater o terrorismo. Todos os membros do Conselho de Segurança fazem parte da CST. A Resolução 1373 exige que todos os Estados informem o CCT da adoção de tais medidas, demonstrando que foram criados procedimentos para o cumprimento da resolução, tudo no prazo de 90 dias.

Não há referência na Resolução 1373 sobre o respeito pelos direitos humanos internacionais, o direito humanitário e o direito dos refugiados. A situação foi resolvida com a Resolução Nº 1456 do

Conselho de Segurança, de 20 de janeiro de 2003, que exige dos Estados Partes as garantias de que os procedimentos na luta contra o terrorismo sejam levados a cabo em conformidade com todas as disposições relacionadas do direito internacional. Também requer que sejam tomadas medidas para cumprir o direito internacional, especialmente os direitos humanos internacionais, dos refugiados e o direito humanitário. A Resolução 1456 foi um marco importante e um passo em frente na garantia do respeito pelos valores internacionais dos direitos humanos.

A Direção Executiva de Combate ao Terrorismo (DECT) foi criada em março de 2004 para garantir a assistência institucional ao compromisso contra o terrorismo. O DECT conta com uma equipe de especialistas para fornecer pareceres técnicos ao CCT sobre aspectos técnicos dos relatórios governamentais.

Relatórios para o CCT devem primeiro informar sobre o progresso no posicionamento da legislação para implementar todas as medidas da Resolução 1373, e as medidas tomadas para se tornarem parte das convenções e protocolos internacionais sobre terrorismo; além disso, informam sobre a implementação de medidas administrativas eficazes para prevenir e suprimir o financiamento de grupos terroristas.

Um passo adicional nos relatórios deve incluir estruturas executivas (polícia, inteligência e alfândega, imigração e controle de fronteiras; não permitir acesso a material de guerra) para prevenir novos recrutas para grupos terroristas, suas reuniões, locais seguros ou outras medidas de apoio para grupos terroristas ou membros.

A metodologia de trabalho CCT e DECT inclui:

- Visitas a países para avaliar a natureza e assistência prestada em conformidade com a Res. 1737 do Conselho de Segurança e para monitorar seu progresso;

- Programas de assistência técnica, financeira, regulatória e legislativa para conectar países;

- Completar relatórios de países sobre as circunstâncias do combate ao terrorismo, e também se tornar um canal de diálogo para o Comitê;

- Melhores práticas, códigos e padrões, para que os governos possam aplicá-los de acordo com suas necessidades e obrigações;

- Reuniões com organizações internacionais e regionais, para alcançar a unidade de esforços e utilizar os recursos da melhor forma possível.

O terrorismo é uma ameaça real em inúmeros países ao redor do mundo. No entanto, os métodos de contraterrorismo devem observar os valores fundamentais do sistema jurídico internacional. Todos os instrumentos e diretrizes disponíveis aos países devem ser usados para prevenir a propagação do terror.

Em suma, a luta contra o terrorismo não deve causar terror à população afetada ou o terror continuará com outros perpetradores. Portanto, para evitar isso, o direito internacional, bem como o direito humanitário, devem ser obedecidos, sem exceção.

Alguns países argumentam que poderes especiais são necessários para responder à ameaça excepcional e sem precedentes do terrorismo. Esses poderes especiais podem incluir:

- Definições amplas e subjetivas de terrorismo que são semelhantes a crimes políticos;

- Poder para prender e deter pessoas sem mandado judicial;

- Entrar nas casas sem ordem judicial ou estado de flagrante;

- Quebrar a confidencialidade da comunicação e correspondência sem ordem judicial;

- Manter os detidos *incomunicado*, inclusive em relação a seus familiares e advogados;

- Manter detenção temporária indefinidamente;

- Trazer terroristas a tribunais militares ou *ad hoc*;

- Use métodos de investigação que possam parecer tortura;

- Usar inteligência obtida ilegalmente em uma investigação.

No nível estratégico, o esforço global contra o terrorismo pelo Conselho de Segurança e outros atores internacionais interessados é bem planejado, bem dirigido e eficaz. Hoje é muito difícil para um país ou organização apoiar terroristas, financiar grupos ilegais, organizar campos de treinamento para recrutas, porque os Estados Partes e / ou a comunidade internacional irão penalizá-los com embargos e restrições em questões diplomáticas e econômicas.

No entanto, no nível tático, os poderes especiais concedidos para prevenir o terror, muitas vezes não acompanhados de responsabilização nos campos administrativo e criminal pela má conduta de funcionários do governo, têm causado grande medo na população. O medo da população, especialmente quando provoca ostracismo e isolamento de minorias, é contraproducente e contra todos os esforços de combate ao terrorismo. Não é eficiente lutar contra o medo com mais medo.

9. ASPECTOS DA GUERRA JURÍDICA CONTRA O TERRORISMO

O termo *Lawfare* (guerra jurídica), ou simplesmente o uso da lei como arma de guerra, é uma expressão comumente usada para definir a guerra por meio de ferramentas legais (*habeas corpus* em favor dos capturados, *notitia criminis* para tribunais nacionais, reclamações para tribunais internacionais, por exemplo) quando uma ou mais partes no conflito não respeitam os procedimentos legais e os direitos do adversário. Normalmente, uma prática é planejada, gerenciada e realizada sob o pretexto da legalidade, o que muitas vezes pode ser auxiliado pelas redes sociais, propositalmente ou acidentalmente.

Portanto, a guerra jurídica é uma prática que atualmente é realizada para atingir vários fins militares, políticos e até comerciais. No âmbito militar, a guerra é a utilização de manobras jurídicas em substituição ou em colaboração com o poder militar, "com vista à concretização de determinados objetivos de política externa ou de segurança nacional, ou seja, constitui uma forma de guerra assimétrica em que a lei ou a lei em sentido amplo é usada como um instrumento de combate, uma genuína arma de guerra" (D'ARC, Moizés. O direito como instrumento de combate.<https://revista.mpm.mp.br/artigo/artigos-ineditos-o-direito-como-instrumento-de-combate/>).

O *Lawfare* entende a maneira pela qual beligerantes, particularmente aqueles tecnologicamente inferiores por não poderem enfrentar as capacidades militares de seus oponentes, tentam empregar o sistema legal no contexto de combate na forma de guerra assimétrica (DUNLAP Jr, Charles. Guerra legal - uma introdução. <Https://www.armyupress.army.mil/Portals/7/military-review/Archives/Portuguese/4thQtr17/a-guerra-juridica-uma-introducao.pdf>). Com essa manobra buscam a igualdade no campo de batalha, nem sempre com o uso lícito da lei. Portanto, o uso excessivo e abusivo da lei pode assumir diferentes formas. A comunidade internacional já reconhece algumas táticas que, em geral, apontam para a manipulação da opinião pública com aparência de ilegalidade ou abuso nas ações do oponente.

As principais práticas utilizadas são:

- abuso do direito de prejudicar e deslegitimar oponentes;

- promover ações judiciais para desacreditar o oponente na tentativa de influenciar a opinião pública;

- usar a mídia para divulgar falsas violações;

- o uso da lei como forma de envergonhar, intimidar e até punir o oponente.

Seu uso pode ser identificado, principalmente por atores não estatais que usam a guerra legal como o aspecto principal de sua estratégia contra forças militares de alta tecnologia. Quem adota a guerra jurídica busca utilizar a ordem jurídica para fazer cumprir a lei por seu oponente em uma vulnerabilidade ou limitação, ao mesmo tempo que este não a respeita para obter vantagens táticas.

O cerne do *Lawfare* está em usar o respeito de uma parte pela lei e pelo Estado de Direito contra si mesma. Buscar o Estado Democrático de Direito ao se proteger perante a lei contra o inimigo e, ao mesmo tempo, ignorar a lei para a condução das hostilidades. O Direito não pode ser usado contra o próprio Estado de Direito.

Uma prática recorrente e comumente adotada é o uso de táticas desonestas e muitas vezes desumanas de civis, inclusive os mais vulneráveis (mulheres, idosos e crianças) como "escudos humanos" e depois acusar a outra parte de ataques indiscriminados contra a população civil ou crimes de guerra.

O principal desafio em relação à guerra legal é encontrado em atores não estatais em conflitos armados, como o terrorismo. Atualmente os grupos criminosos, principalmente traficantes de drogas, têm uma organização típica de movimentos paramilitares, com recrutamento de pessoas, cadeia de comando, apoio logístico para o combate, e praticam atos criminosos organizados que não se diferenciam dos ataques terroristas.

Por exemplo, do poder de prisão surge o direito de interrogar o suspeito, o que também faz parte de qualquer investigação. No entanto, em alguns casos, as pessoas suspeitas de atividades terroristas são mantidas fora do Estado de Direito, em segredo ou em detenção *incomunicado* e sem acesso a um advogado, seus familiares ou recursos judiciais como *habeas corpus*, entre outras preocupações e requisições.

Também fala sobre os diferentes métodos de interrogatório que podem ser interpretados como tortura, entre outros, que são claramente ilegais segundo o direito internacional dos direitos humanos.

Ambos são realizados com o objetivo de coletar informações de inteligência em situações delicadas, quando qualquer conexão entre o detido e o mundo exterior pode arruinar a investigação e trazer uma ameaça ao país, quando o suspeito é realmente um terrorista e pode ordenar um ataque a bomba ou um assassinato.

Toda essa discussão se dá em função da utilização do ordenamento jurídico dos direitos humanos, que não é a ferramenta mais adequada quando o governo lida com inimigos em um conflito armado não internacional, assimétrico e de baixa intensidade, onde as partes são o governo e os grupo terrorista / revolucionário.

Nesta situação, o arcabouço jurídico correto é o Direito Internacional Humanitário (DIH). Portanto, qualquer membro de um partido (militar do governo ou grupo terrorista) pode ser considerado um combatente e pode ser garantido o *status* de prisioneiro de guerra até que haja uma base suficiente para afirmar que ele cometeu um crime sob o direito internacional (terrorismo ou outro crime contra a humanidade) Desta forma, um processo legal pode ser iniciado em um tribunal competente para lidar com esses crimes.

Só então seu *status* mudará de Prisioneiro de Guerra para Criminoso de Guerra, porque há evidências suficientes de que ele cometeu um crime (usando métodos ilegais de combate, causando terror generalizado à população), e o processo contra ele pode começar.

Em caso de atentado terrorista, se houver dúvida sobre a condição do detido, ele deve ser considerado Prisioneiro de Guerra, pois quem participa de um combate deve ter essa garantia, até o devido esclarecimento.

Quando há evidências suficientes de que o terrorismo foi usado, ou foi planejado para ser usado, e está claro que o terrorismo é um método ilegal de combate, existem dados suficientes para afirmar que este ato terrorista pode iniciar um conflito armado, e que o detido envolvido com terrorismo, ele é um potencial combatente e um possível prisioneiro de guerra se for preso.

Um prisioneiro de guerra é definido como qualquer combatente que cai nas mãos do inimigo, seja uma força armada regular, uma guerrilha, um grupo insurrecional ou um terrorista. Para ser um combatente, uma pessoa deve ter os seguintes requisitos (já explicados acima):

- Ter um comandante responsável por seus subordinados (cadeia de comando);

- Ter um sinal distintivo reconhecível à distância (uniformes, insígnias);

- Tenha as armas ostensivamente;

- Respeitar, em suas operações, as leis e costumes de guerra.

Enquanto um potencial terrorista for considerado um combatente, os procedimentos de vigilância, interceptação de comunicação, prisão individual e detenção para interrogatório, todos sem mandado, são métodos jurídicos executivos de coleta de informações do inimigo e estão ao alcance do Direito Internacional Humanitário e a Lei dos Conflitos Armados.

Quando uma pessoa suspeita de terrorismo é detida, deve ser garantido o estatuto de Prisioneiro de Guerra (PG), porque é um combatente legal até que haja provas de que cometeu crimes de acordo com o direito internacional.

Como prisioneiro de guerra, ele receberá tratamento adequado nos seguintes termos:

- ficará detido até o fim das hostilidades contra aquele grupo, pois não pode ser libertado e reingressar na Parte Adversa;

- não terá acesso a instrumentos jurídicos como o *Habeas Corpus*, nem a advogados, mas não se considera que tenha cometido nenhum crime ao abrigo da legislação nacional;

- ele não pode se comunicar com ninguém que não seja o representante do Movimento da Cruz Vermelha e do Crescente Vermelho, a fim de não dar informações confidenciais à Parte Adversa (o grupo terrorista ou pessoas afiliadas);

- será tratado com humanidade e de forma alguma será obrigado a responder a perguntas durante o seu interrogatório; e

- Em nenhuma hipótese será torturado, e as confissões feitas sob tortura serão consideradas nulas e sem efeito, com indenização total para o indivíduo.

No entanto, quando houver uma base suficiente para a acusação de participação ou ação em um ato terrorista, seu status mudará de Prisioneiro de Guerra para Criminoso (por terrorismo ou crimes contra a humanidade) no direito internacional, porque não atendeu aos requisitos para ser prisioneiro de guerra: não respeitou as leis e os costumes da guerra ao usar métodos de combate ilegais para causar terror generalizado à população civil.

Mesmo assim, não se distinguiu da população civil, pois não usava sinais distintivos ou uniformes, o que viola o Princípio da Discriminação; nem carregava armas ostensivamente. Esses são exemplos claros de Perfídia, uma violação do DIH.

Portanto, o suposto criminoso será julgado por um tribunal internacional (ou internacionalizado) pelos crimes que cometeu. Caso não haja evidências suficientes para o processo, ele será liberado.

No entanto, em qualquer caso, você será tratado com humanidade, i. e., não ser torturado ou sofrer tratamento cruel, desumano ou degradante. Se você for considerado um criminoso nacional, será enviado a um tribunal nacional para ser processado. O tratamento desumano não é de forma alguma aceitável.

Uma resposta puramente militar ao terrorismo pode fornecer uma solução de curto prazo, mas cria problemas de longo prazo, e a ameaça pode permanecer adormecida, esperando por uma oportunidade de crescer novamente. No entanto, o Estado não pode usar métodos ilegais de combate para enfrentar os combatentes, mesmo quando eles usam Perfídia ou outros instrumentos proibidos contra eles.

Uma resposta abrangente ao terrorismo deve incluir, entre outros:

- Coleta de inteligência (a operação de coleta de inteligência (do inimigo) é diferente da coleta de provas em investigações de processo criminal (contra o cidadão). No DIH, não há necessidade de uma ordem judicial para coletar informações do inimigo, uma vez que está dentro do poder executivo de qualquer operação militar) com métodos legais (no Direito Internacional Humanitário, a ordem legal apropriada e aplicável), de modo que possam ser usados nos tribunais para um julgamento justo;

- Um tribunal criminal internacional ou internacionalizado, competente para processar e julgar crimes ao abrigo do direito internacional, como o terrorismo;

- Respeito pela dignidade humana, em todos os casos e em todos os momentos.

Não há necessidade de leis e regulamentos específicos para combater o terrorismo. As Convenções de Genebra, especialmente o Artigo 3º comum, não enfraquecem o esforço de combate ao terrorismo. Essas convenções foram criadas logo após a Segunda Guerra Mundial. Eles estavam cientes das necessidades militares, bem como da proteção humanitária, e dos abusos que podem ocorrer quando esses regulamentos não são respeitados.

O direito humanitário e os direitos humanos não foram criados em tempos de paz e estabilidade política. Em vez disso, sua razão de ser era criar uma estrutura legal para responder com eficácia às crises mais sérias. Os direitos humanos não são supérfluos e não podem ser ignorados em tempos difíceis, mesmo quando alguns deles podem ser suspensos em uma emergência. Certamente, eles são a base para uma resposta eficaz às ameaças à paz e segurança internacionais.

Sem dúvida, o DIH é o valor essencial para manter a paz e a segurança internacionais e para combater o terrorismo e outras ameaças à estabilidade de um país (os direitos humanos têm maior probabilidade de ser respeitados em países onde o Estado de Direito prevalece, porque existe paz e segurança jurídica. No entanto, se um Estado é tão fraco que não pode manter o Estado de Direito em benefício de seus cidadãos a paz está ameaçada. O DIH é o conjunto de regras que orientará a condução de todas as operações contra vândalos no processo de paz)

10. ESTUDO DE CASO DE GRUPOS TERRORISTAS REVOLUCIONÁRIOS

No século 20, a guerra de guerrilha se espalhou pela América Latina. Os principais grupos guerrilheiros latino-americanos surgiram na Colômbia, Venezuela, Peru, Guatemala, Argentina, Brasil, Nicarágua, entre outros.

Porém, apenas dois guerrilheiros tiveram sucesso no continente americano, ou seja, conquistaram o poder. A primeira foi em Cuba, em 1959, na chamada Revolução Cubana, com os dirigentes Fidel Castro e o mártir Ernesto Che Guevara (a imagem de Che configurou-se como representação ideal da guerrilha). O segundo movimento guerrilheiro a se gabar de poder na América Latina aconteceu na Nicarágua em 1979, por meio da Frente Sandinista de Libertação Nacional. Os principais líderes foram Augusto Sandino, fundador da guerrilha nicaraguense, na década de 1920; e Daniel Ortega, que chegou ao poder em 1979 (CARVALHO, Leandro. "Guerrilhas na América Latina"; <https://brasilescola.uol.com.br/historia-da-america/guerrilhas-na-america-latina.htm> Acesso em 10 julho 2020).

As principais ações dos guerrilheiros consistiam em realizar o foquismo (ou os chamados focos), que se baseava na existência de condições objetivas nas quais a prática revolucionária pudesse ser colocada em prática (pessoal, logística e ideológica). A prática da guerra de guerrilhas consistia em combater os enfoques revolucionários baseados na luta armada, ou seja, para os guerrilheiros, a luta armada era a única forma de combater os regimes ditatoriais presentes em vários países latino-americanos e de conquistar o poder.

Em vários países latino-americanos, guerrilheiros com diferentes concepções políticas e ideológicas, como nacionalistas, marxistas, guevaristas, entre outros, utilizaram a luta armada para combater as ditaduras instaladas em diversos países latino-americanos, como no caso do grupo guerrilheiro *Sendero Luminoso*, atuante nas décadas de

1970 e 1980, no Peru; e as FARC (*Fuerzas Armadas Revolucionárias de Colombia*), que ainda atuam hoje.

Criadas em 1964 pelo ex-liberal Pedro Antonio Marín, também conhecido como Tirofijo, as FARC surgiram como um grupo marxista-leninista, atuando no campo e adotando táticas de guerrilha. O discurso ideológico desta organização é a implantação do socialismo na Colômbia, promovendo a distribuição eqüitativa de renda, a reforma agrária, o fim de governos corruptos e as relações políticas e econômicas com os Estados Unidos, entre outros aspectos sociais (FRANCISCO, Wagner de Cerqueira e. "Farc"; <https://brasilescola.uol.com.br/historia/farc.htm> Acesso 10 julho 2020).

Seqüestros e contrabando de drogas, principalmente cocaína, são práticas comuns nas FARC, pois com esses recursos a organização consegue dinheiro para se equipar militarmente. Porém, a partir da década de 1980, o grupo intensificou a exploração do narcotráfico e da violência, fato que distorceu seu foco, tornando-se uma organização narcoterrorista, cujo objetivo principal é a produção e comercialização de drogas.

No Brasil, o foco guerrilheiro também existia e foi colocado em prática pela guerrilha brasileira em 1968, na conhecida Guerrilha do Araguaia, onde a guerrilha revolucionária adotou a luta armada como principal forma de derrubar a ditadura militar instalada em Brasil, em 1964. O foco da guerrilha no Brasil concentrava-se próximo ao rio Araguaia, na cidade de Xambioá, que na época pertencia ao estado de Goiás (hoje faz parte do estado do Tocantins), e na divisa com os atuais estados do Pará e Maranhão.

No final dos anos 1960 e início dos 1970, a Guerrilha do Araguaia foi ferozmente combatida pelo Exército Brasileiro. Sob a vigilância do então presidente militar Garrastazu Medici, vários guerrilheiros foram presos ou neutralizados pelo Exército brasileiro. Até o momento, vários corpos de guerrilheiros que lutaram na Guerrilha do Araguaia não foram encontrados.

Portanto, as tentativas de guerrilha na América Latina foram infrutíferas, com exceção de Cuba e Nicarágua (como mencionado acima), devido a vários fatores: o primeiro seria o fato de os guerrilheiros estarem organizados em locais isolados e remotos, como é o caso. da Guerrilha do Araguaia. O segundo fator foi a preponderância da questão militar sobre a questão política; e o terceiro fator que declarou a insolvência da guerrilha foi a pouca importância dada às particularidades históricas e culturais de cada região / país, o que impossibilitou a guerrilha de conquistar os corações e mentes da população local. Assim, a guerrilha da América Latina foi se esvaziando na mídia e teve de recorrer ao narcotráfico para continuar suas atividades.

11. ESTUDO DE CASO DE GRUPOS CRIMINOSOS QUE PRATICAM O TERRORISMO

O crime organizado galgou os morros das cidades das metrópoles brasileiras, especialmente no Rio de Janeiro, com o aumento do tráfico de drogas no início dos anos 1980 e, na direção oposta, diminuiu a presença do Estado nas mesmas localidades. Consequentemente, o tráfico assumiu a administração das comunidades, o tráfico fez suas leis e as coloca em prática, assim o tráfico proliferou como uma epidemia, e esse poder paralelo nasceu e cresceu com o surgimento e proliferação de facções criminosas.

As favelas eram literalmente dominadas por traficantes, que se organizavam em facções, enquanto os políticos viam nessa pilha de barracos de vida subumana a oportunidade de comprar votos. O crime organizado se alastrou e cresceu seus tentáculos para alcançar funcionários públicos corruptos, a fim de realizar suas atividades ilícitas com maior liberdade.

O tráfico ficou cada vez mais forte e sempre atraiu um número maior de adeptos às suas facções criminosas. O traficante, por meio de seu poder financeiro e repressor, passou a ser conhecido e respeitado por todos como o "rei do morro", o "comandante da área". O tráfico passou a funcionar nas diferentes comunidades como se fosse uma espécie de "governo ditatorial" paralelo ao nosso regime democrático de direito, ou seja, um poder paralelo (MARQUES, Arquimedes José Melo. A polícia, a legislação e o Poder Paralelo https://www.infoescola.com/sociedade/a-policia-a-legislacao-e-o-poder-paralelo/> acesso em 10 de julho de 2020).

Em sua "pseudo propriedade", o chefe do narcotráfico ocupa o lugar do Estado, quase sempre, em troca de favores, o trabalho social para a comunidade carente local. Ele distribui alimentos, mantimentos e remédios que são tomados por assalto sob várias acusações para esse fim. Ele também funciona como um "juiz opressor" para resolver as disputas das pessoas. Sua decisão não é contestada, é efetivada.

Na qualidade de "Juiz", realiza também um julgamento sumário ao seu inimigo, ao seu adversário, aos que não cumprem as suas ordens, ao informante da polícia, ao traidor da sua equipe, que são sempre condenados à morte, pena não prevista no sistema jurídico brasileiro. Essa morte pode ser por tiro ou por meio de tortura cruel. Os fatos veiculados pela mídia a respeito dos constantes corpos encontrados em determinados lugares comprovam a veracidade do depoimento, principalmente no que diz respeito aos morros do Rio de Janeiro, às periferias de São Paulo ou aos grandes centros do país.

Como ditador, ele faz suas leis, ele faz a guerra, a instabilidade social, causa terror e medo ao povo. Demonstra seu poder econômico, sua força militar e até decreta toques de recolher, cessar fogo e abertura ou fechamento do comércio e das escolas de "sua localidade" quando lhe convier. Veículos militares e helicópteros não podem sobrevoar áreas dominadas pelo tráfico de drogas, caso contrário serão sumariamente destruídos. Um verdadeiro *Black Spot* (área negra ou negada).

Como "soldados" dispersos, irresponsáveis e insensíveis, os componentes do tráfico expõem suas armas pesadas à mídia e disparam aleatoriamente de seus esconderijos em qualquer ponto da cidade, matando ou ferindo gravemente crianças, idosos e outras pessoas inocentes como se fosse o mais normal possível. Por crimes que surgem de "balas perdidas", ninguém é jamais encontrado ou responsabilizado, e enquanto isso, as famílias das vítimas são destruídas, renegadas e sofrem ostracismo para o resto de suas vidas.

Por meio do poder financeiro, o tráfico se fortalece constantemente com as mais modernas e sofisticadas armas disponíveis para atacar seus oponentes e se defender ou atacar a polícia, lutar contra outros grupos, lutar por bons pontos de revenda de drogas, lutar pelo controle desde os mais altos e lucrativos morros de venda de drogas, para mostrar à comunidade local e à sociedade em geral seu poder de fogo, sua força, seu poder paralelo e, cada vez mais, ser respeitada e obedecida por todos.

Por meio de seus tentáculos de corrupção em diversos setores, o crime organizado pode movimentar armas pesadas e drogas para realizar suas atividades ilícitas. Algumas drogas, como cocaína e *crack*, consideradas as mais usadas, vêm principalmente da Bolívia, Peru, Colômbia, Paraguai, Venezuela e misteriosamente cruzam as fronteiras. Seja por via aérea, terrestre ou marítima, as drogas e as armas acabam nas mãos do tráfico.

O Departamento de Estado dos Estados Unidos, por meio do *Overseas Security Advisory Council*, sobre a situação de violência no

Rio de Janeiro, define que todos os bairros cariocas estão sujeitos a atividades criminosas. Mas entre eles estão as áreas urbanas sem governo conhecidas como favelas (às vezes chamadas de comunidades), que muitas vezes são visualmente distintas dos bairros mais ricos. As gangues de drogas dominam essas áreas; confrontos armados entre traficantes e policiais ocorrem com frequência (Disponível em https://www.osac.gov/Country/Brazil/Content/Detail/Report/ ca6883fb-1b88-4f9b-ac8b-15f4aecccd22>, acesso em 20 de agosto de 2020).

O governo do Estado do Rio de Janeiro iniciou um "programa de pacificação de favelas" há uma década para colocar as favelas sob controle sistemático do governo e da polícia. Até o momento, mais de 30 favelas (localizadas principalmente na parte sul da cidade) foram "pacificadas", mas essa estratégia rendeu apenas resultados modestos devido à falta de recursos. Durante o ano de 2017, a criminalidade violenta no Rio de Janeiro cresceu a ponto de se tornar um problema de segurança nacional.

Em fevereiro de 2018, o presidente brasileiro Michel Temer autorizou as Forças Armadas brasileiras a intervir diretamente na segurança pública no estado do Rio de Janeiro, empregando operações militares e policiais conjuntas, planejamento estratégico e compartilhamento de inteligência em um esforço para reprimir a violência e reconstruir a lei estadual aplicação.

Este autor já participou inúmeras vezes das operações militares no Rio de Janeiro, e por experiência própria é possível afirmar que a situação tática dos confrontos entre as Forças Armadas e os criminosos cariocas se assemelha a um conflito armado devido à sua intensidade e duração, assim como a organização, treinamento e apoio logístico dos grupos armados.

São casos de criação de Estados Paralelos dentro do Estado brasileiro, e os governos locais são indiferentes ou incapazes de lutar. Assim, os cidadãos que vivem nesses *Black Spots* não têm as proteções do Estado de Direito no Brasil e vivem em constante medo, sob as leis arbitrárias dos chefes dos grupos narcoterroristas, que não foram eleitos pela população, mas impõem sua autoridade com o poder das armas e apoiados pelos lucros do tráfico.

Outro exemplo: os atos de violência organizada no estado de São Paulo, o estado mais populoso e rico do Brasil, no período de 12 a 17 de maio de 2006, praticados pelo grupo criminoso PCC ilustram a necessidade de definir o terrorismo como instrumento legal estrutura para a aplicação do DIH. Esse ataque terrorista foi caracterizado por uma rebelião coordenada em 73 presídios e nove cadeias públicas da cidade de São Paulo. Noventa ônibus foram queimados em 32 cidades diferentes, ataques a delegacias de polícia, bombeiros, guardas municipais, familiares de policiais, agentes penitenciários, agentes de segurança privada e civis, com uso de granadas, bombas artesanais e metralhadoras. No período, foram contabilizados 128 mortos e 59 feridos (Disponível em <http://g1.globo.com/sao-paulo/noticia/ 2016/05/ha-dez-anos-sao-paulo-parou-durante-serie-de-ataques- contra-policiais-e-civis.html> acesso em 20 de agosto de 2020).

A disseminação de boatos e mentiras na mídia sensacionalista, aliada à ausência de informações do governo paulista, gerou na população um profundo sentimento de pânico e um clima de terrorismo, evidenciado pelas notícias da mídia nacional e internacional.

É necessário enfatizar que o governo brasileiro não considera este evento como um ato terrorista, mas apenas como um crime praticado por uma organização criminosa. Entretanto, é informação de fonte segura que o governo e o grupo do PCC concordaram com uma trégua e condições específicas dos chefes da organização em relação ao regime prisional.

Esses casos esclarecem que não é apropriado tratar os narcoterroristas como criminosos comuns, com todos os direitos e garantias dos cidadãos, como *habeas corpus*, a inviolabilidade do sigilo das telecomunicações, a inviolabilidade do domicílio, a proibição de detenção incomunicado e outras garantias direitos a todos os cidadãos.

Uma abordagem mais apropriada é reconhecer que esses grupos criminosos formaram Estados Paralelos (conhecidos como *Black Spots*) dentro do país e fora do Estado de Direito. Esta mudança de paradigma legal torna-se clara quando o grupo criminoso tem capacidade para realizar ataques terroristas e os pratica com o objetivo principal de continuar suas atividades criminosas sem ser incomodado pelas forças de segurança.

12. CONCLUSÃO

O crime organizado é comumente denominado Poder Paralelo, levando-se em consideração as diversas formas utilizadas por esses grupos para continuar suas atividades ilegais fora da lei. Lavagem de dinheiro, recebimento de produtos de origem criminosa, corrupção de agentes públicos, todas essas práticas há muito são praticadas pelos criminosos para gozar dos resultados de seus crimes.

Porém, todo crime é um desafio à ordem jurídica, porque sempre haverá pessoas que não se submetem à lei, e é por isso que o Estado tem o poder legítimo de usar meios violentos para garantir a lei e a ordem. É claro que o uso da violência é monopólio do Estado, e os cidadãos não devem procurar fazer justiça com as próprias mãos para não voltar à barbárie dos tempos antigos.

Mas existem alguns crimes praticados com a intenção específica de modificar ou destruir todo o ordenamento jurídico em vigor, de forma a permitir o acesso das pessoas ao poder político, sem respeitar o processo democrático, sem qualquer compromisso com o interesse público, ou seja, o progresso econômico. da comunidade, a paz na sociedade e o bem-estar dos cidadãos.

Neste caso, já não se trata de crimes contra a pessoa ou grupo de indivíduos, mas de crimes contra o Estado, também conhecidos como crime de lesa-pátria. O terrorismo, como instrumento modificador da relação de poder, tem como objetivo principal a submissão do poder democraticamente constituído a outro poder, o das organizações terroristas, sendo que as pessoas mortas e os bens destruídos são apenas objetivos secundários.

Se é o Estado de Direito que o terrorismo tenta subjugar, é o Estado de Direito que deve ser protegido contra essa forma de crime. Como consequência, todos os cidadãos afetados certamente terão a proteção de sua vida, saúde e bens contra ataques terroristas, pois é dever do

Estado garantir esses direitos fundamentais a todas as pessoas sob sua custódia.

Quando um migrante entra em um país para viver, trabalhar, estudar e de alguma forma contribuir para a melhoria da sociedade na qual está inserido, é necessário se adaptar às leis do Estado, mesmo que sejam contrárias aos costumes de sua origem. Para habitar o território é preciso submeter-se à sua Soberania e, sem essa base, o multiculturalismo torna-se um mosaico cultural sem sentido e sujeito a atritos sociais (VEGA, 2020).

Esse mosaico desconectado apresenta um ambiente propício à criação de cidadãos sem a proteção de fato do governo, e o vácuo de poder nessas zonas de exclusão é rapidamente assumido por grupos criminosos. Se o Estado não os combate, ou se aproveitam deles para fins eleitorais, certamente crescem a ponto de ameaçar todos os cidadãos e o Estado de direito onde vivem.

Quando esse grupo pratica um ato capaz de desestabilizar a ordem jurídica vigente, como um atentado terrorista, esse grupo mostra-se não apenas uma ameaça a um cidadão ou grupo de cidadãos, mas a todos os cidadãos que gozam das garantias democráticas de viver em um comunidade.

A. P. Schmid, chefe do Escritório das Nações Unidas para a Prevenção do Terrorismo, define o terrorismo como "o equivalente em tempo de paz a um crime de guerra". (*apud* MEDHURST, 2008). Na história da humanidade, um ataque terrorista foi o estopim para iniciar um conflito armado em mais de uma ocasião.

Em 28 de junho de 1914, Gavrilo Princip, membro do grupo terrorista *Black Hand*, atirou e matou o arquiduque Franz Ferdinand da Áustria e sua esposa. No mesmo dia, o pai da vítima, o imperador da Áustria-Hungria Franz Joseph, declarou guerra à Sérvia. Trinta dias depois, em efeito dominó, teve início a Primeira Guerra Mundial (MEDHURST, 2008).

Os ataques de muçulmanos a peregrinos europeus a caminho de Jerusalém foi uma das razões do Papa Urbano II para convocar os fiéis cristãos a iniciarem as Cruzadas, a fim de permitir o livre acesso à Cidade Santa sem perigo de assalto, morte e outros aborrecimentos (MORAL, 2020).

Em conclusão, o ato terrorista, cumprindo as condições já apresentadas, pode ser considerado o evento jurídico que permite reconhecer que o grupo criminoso é doravante um grupo revolucionário e, portanto, as normas jurídicas que ordenam seu enfrentamento são o Direito Internacional dos Conflitos Armados / Direito Internacional Humanitário, semelhante a uma guerrilha, com vistas à defesa do Estado-Nação e ao julgamento legal de possíveis criminosos de guerra, de acordo com o Direito Internacional.

Para instaurar um conflito armado é necessário que pelo menos uma das partes declare o estado de beligerância. Certamente um ataque terrorista, como afirmado acima, é equivalente a tal declaração. É verdade que nem todos os atos de terrorismo têm a capacidade de desencadear um conflito armado, mas um evento dessa natureza não pode ser ignorado pelo governo local ou pela comunidade internacional, para ser devidamente rejeitado e permitir que os cidadãos afetados vivam em um sociedade sem medo.

Atenção especial deve ser dada aos aspectos da guerra jurídica de que os grupos terroristas se aproveitam para obter mais vantagens para seus objetivos, tanto em nível tático como nas garantias fundamentais do cidadão, não aplicáveis a combatentes ou terroristas, bem como em um nível estratégico, como as denúncias de que o governo é autoritário e oprime a população para combater o grupo terrorista.

No passado, as ameaças à paz e segurança internacionais eram tratadas por cada país separadamente, de acordo com sua capacidade militar e possibilidades financeiras. No entanto, hoje a comunidade internacional deve combater essas ameaças em países que não têm recursos suficientes para enfrentá-las (países falidos), porque pode dar legitimidade e unidade de esforços para combater a todos aqueles que não estão interessados na paz e na democracia, mas no conflito e na tomada do poder.

O terrorismo é uma ameaça à soberania do Estado e, portanto, à existência de uma Nação. Quer seja pequeno ou grande, quer seja vítima de um Estado forte ou falido, será considerado uma ameaça à paz e segurança internacionais e um crime de direito internacional, que deve ser combatido de forma adequada tática e estrategicamente.

Concluindo, a luta contra o terrorismo é o desafio da comunidade internacional neste século. A adequada doutrina do terrorismo como crime sob o direito internacional e a aplicação do Direito Internacional Humanitário para a prevenção e combate a esse crime, especialmente em países cuja paz está enfraquecida ou frágil, são uma grande oportunidade de ter uma política anti-terrorista de grande duração.

REFERÊNCIAS BIBLIOGRÁFICAS

ARBOUR, Louise, "Economic and social justice for societies in transition", International Journal of Law and Politics, 2010.

AUGUSTO, Agnaldo Del Nero. A Grande Mentira. Editora Bibliex, 2001

BALMOND, Louis. Droit du recours à la force. Université de Nice, 2010.

BOBBIO, Norberto. As Ideologias e o Poder em Crise. Pluralismo, Democracia, Socialismo, Comunismo, Terceira Via e Terceira Força. Trad. João Ferreira. São Paulo: Editora Polis, 1988.

BROWNLIE, Ian. Principles of Public International Law. Oxford Press, 2008.

CARVALHO, Leandro. "Guerrilhas na América Latina"; Brasil Escola. <https://brasilescola.uol.com.br/historia-da-america/guerrilhas-na-america-latina.htm> acesso em 10 de julho de 2020

CIETTO, Rogerio. Combating the Good Combat – How to Fight Terrorism with a peacekeeping mission. Disponível em <www.peaceopstraining.org> acesso em 20 agosto 2020

BRASIL, REPÚBLICA FEDERATIVA DO, Lei 13.260, de 16 de março de 2016. Disponível em <http://www.planalto.gov.br/ccivil_03/_ato2015-2018/2016/lei/l13260.htm> acesso em 20 de agosto de 2020.

______. Decreto 10.030, de 30 de septiembre de 2019, Regulación de Productos Controlados (R-105).disponível em <www.planalto.gov.br>, acesso em 20 de novembro de 2018.

DALLARI, Dalmo de Abreu. Elementos de Teoria Geral do Estado. 20. ed. Saraiva, 1998.

D'ARC, Moizés. O direito como instrumento de combate. Acesso em 20 agosto 2020 en <https://revista.mpm.mp.br/artigo/artigos-ineditos-o-direito-como-instrumento-de-combate/

DUNLAP Jr, Charles. Guerra jurídica – uma introdução. Acesso em 20 agosto 2020 en <https://www.armyupress.army.mil/Portals/7/military-review/Archives/Portuguese/4thQtr17/a-guerra-juridica-uma-introducao.pdf>

FRANCISCO, Wagner de Cerqueira e. "Farc"; <https://brasilescola.uol.com.br/historia/farc.htm> Acesso em 10 de julho de 2020.

GLOBO, Portal de Noticias. Disponível em <http://g1.globo.com/sao-paulo/noticia/2016/05/ha-dez-anos-sao-paulo-parou-durante-serie-de-ataques-contra-policiais-e-civis.html> acesso em 20 de agosto de 2020.

______. Disponível em <https://g1.globo.com/politica/noticia/2019/01/27/cronologia-atentado-contra-jair-bolsonaro.ghtml>. Acesso em 20 de agosto de 2020.

INTERNATIONAL LEGAL PROTECTION OF HUMAN RIGHTS IN ARMED CONFLITS, Disponível em <www.un.org>

KELSEN, Hans. Teoria Geral do Direito e do Estado. 4. ed. São Paulo: Martins Fontes, 2005.

LA JUSTICE TRANSITIONNELLE – UNE VOIE VERS LA RÉCONCILIATION ET LA CONSTRUCTION DE LA PAIX DURABLE, disponible el <www.un.org>, acesso em 20 de agosto de 2020

LA RESPONSABILITÉ DE PROTÉGER. Rapport de la Commission Internationale de l'Intervention et de la Souveraineté des États. Centre de Recherches pour le Développement International, 2001.

LEAL, Guillermo Calleja. Derecho Internacional de los Derechos Humanos y Derecho Operacional. Universidad Antonio de Nebrija, 2020.

MAQUIAVEL, Nicolau, O Príncipe. Ed. Cia das Letras, 1999.

MARQUES, Arquimedes José Melo. A polícia, a legislação e o Poder Paralelo https://www.infoescola.com/sociedade/a-policia-a-legislacao-e-o-poder-paralelo/> acesso em 10 de julho de 2020

MARTINEZ, Rafael Matamoros. Justicia Internacional y Derechos Humanos. Universidad Antonio de Nebrija, 2020.

MEDHURST, Paul. Global Terrorism. Peace Operations Training Institute, 2008.

MEYROWITZ, Henri. Le principe de l'egalité des belligérants devant le droit de la guerre. Université de Nice, 2010.

MILLET-DEVALLE, Anne-Sophie. Religions et Droit International Humanitaire. Université de Nice, 2010.

MIRANDA, Jorge. Manual de Direito Constitucional. Tomo III. Estrutura Constitucional do Estado. Editora Coimbra, 1983

MORAL, Daniel Rey. Derecho Internacional Humanitário y Derechos Operacional. Universidad Antonio de Nebrija, 2020.

SECONDAT, Charles de (Baron de Montesquieu). L'esprit des lois. Université de Nice, 2010.

MOULIER, Isabelle. La répression des crimes de Droit International. Université de Nice, 2010.

PROGRAMME HUMANMED. Guerre Asymétrique et droit international humanitaire, possibilités de dévellopement. Université de Nice, 2010.

RAM, Sunil. The History of United Nations Peacekeeping Operations From Retrenchment to Resurgence: 1997 to 2006. Peace Operations Training Institute, 2008.

REPORT OF THE INTERNATIONAL COMMISSION OF JURISTS, Assessing Damage, Urging Action. Report of the Eminent Jurists Panel on Terrorism, Counter-Terrorism and Human Rights. Université de Nice, 2008, pg. 83.

ROMANI, Carlo; SCIARETTA, Massimo. História Contemporânea, v 1 e 2. CECIERJ, 2011.

RONA, Gabor. Interesting Times for International Humanitarian Law: Challenges from the War on Terror. Université de Nice, 2010.

ROTH, Kenneth. The Law of War in the War on Terror. Université de Nice, 2010.

ROUSSEAU, Jean-Jacques. Du Contrat Social. Université de Nice, 2010.

UNITED NATIONS. Security Council Resolutions and other UN documents. Disponível em <www.un.org>. acesso em 20 de agosto de 2020.

UOL, Portal de Notícias. Disponível em <https://noticias.uol.com.br/politica/eleicoes/2018/noticias/2018/09/22/crime-organizado-nas-eleicoes-faccoes-criminosas-do-brasil-na-politica.htm> acesso em 20 de agosto de 2020.

VEGA, Ignacio Matalobos González de la. Multiculturalismo, Globalización y Cidadania. Universidad Antonio de Nebrija, 2020.

VEJA, Portal de Notícias. Disponível em <https://veja.abril.com.br/brasil/bolsonaro-terror-capa-veja/> acesso em 20 de agosto de 2020

VEUTHEY, Michel. Perspectives et propositions pour mieux faire respecter le droit international humanitaire. Université de Nice, 2010.

WEBER, Max. A Política por Vocação. Munique, 1919.

WILKERSON, Philip R., RINALDO, Richard J. Principles for the Conduct of Peace Support Operations. Peace Operations Training Institute, 2008.

WOODS JR, Thomas E. Como a Igreja Católica construiu a civilização ocidental. Quadrante, 2014.

\#\#\#

Este livro representa a opinião do autor e nada mais; ele não representa a opinião de nenhum governo, organização ou terceiro.

Da mesma forma, ele não contém informação sensível ou confidencial. Sempre jogo pelas regras.

Obrigado pelo seu interesse em ler este livro. Meus sinceros agradecimentos.

Certamente muita gente não vai concordar com ele, como é comum em qualquer discussão jurídica ... Portanto, gostaria de saber o seu ponto de vista.

Fique à vontade para enviar sugestões, comentários e opiniões para rogeriocietto@gmail.com, Assunto O Fusível do Fuzil. Seu email é muito bem vindo.

Lamento informar que você não me encontrará no Facebook, Twitter, Orkut ou qualquer outro meio.

Algumas informações sobre mim:

Formação Acadêmica

1998 - 2002 - Graduação em Direito.

Faculdade de Direito de Itu, Faditu, Brasil

2004 - 2005 - Pós-graduação en Direito Tributário.

Faculdade de Direito de Itu, Faditu, Brasil

2008 - 2008 - Pós-graduação em Aplicações Complementares às Ciências Militares - Direito.

Escola de Administração do Exército, EsAEx, Salvador, Brasil

2009 - 2010 - Pós-graduação (Especialização) em Direito Internacional Humanitário

Programa HUMANMED - Université de Nice, France

2011 - 2012 – Qualificação Profissional em Operações de Paz

Peace Operations Training Institute, United States of America

2016 – 2016 – Curso de Aperfeiçoamento Militar em Direito

Escola de Aperfeiçoamento do Exército Brasileiro

2018 – 2019 – Postgrado en Derecho Militar

Centro Universitário Sul de Minas, Brasil

2020 - 2021 – Master Universitario en DDHH, DIH y Direito Operacional

Universidad Antonio de Nebrija, España

Organizações Militares em que estive:

2008 - Escola de Administração do Exército, Salvador, Brasil

2009 – 8ª Região Militar, Floresta Amazônica, Belém, Brasil

2010 – Companhia de Fronteira Amapá, Oiapoque, Brasil

2011 – Departamento de Engenharia e Construção, Brasília, Brasil

2012 – Batalhão Brasileiro no Haiti, Port-au-Prince, Haiti

2013 – Comando de Operações Especiais, Goiânia, Brasil